指導者と選手が一緒に学べる!

ソフト テニス

練習メニュー

200

清明学園中学校ソフトテニス部 監督 **高橋茂** 監修

JN055060

池田書店

はじめに

私がソフトテニスの指導を始めて感じたことは、「目標に向かって頑張っている表情はとても凛々しく、格好よくて美しい」ということでした。選手の皆さんもそのような素敵な表情で、キラキラと輝いていることでしょう。

本書は、ソフトテニスを始めたばかりの方や、大会で勝つためにさらなる飛躍を望んでいる方に向けて、少しでも成長してほしい、上達してほしいという願いを込めて監修しました。

これまで多くの生徒たちと向き合ってきた20数年の指導の中で、私自身も失敗を重ねながら、上達には正しい努力が必要だということを学びました。そして今も日々、勉強しています。本書では、私が生徒たちとともに「正しい努

力とは何だろう」と自ら学び歩き、得てきた技術のポイントや練習方法、アドバイスを紹介しています。

ボールを打つ基本的な動きはもちろん、ボールを使わずに行うトレーニングや試合で生かせる戦術など、さまざまな練習メニューをとり上げました。それらひとつひとつにトライし、できなかったことができるようになる感覚や楽しさを身につけてほしいと思っています。

できなかったことができるようになったり、よりうまくなったりすることは、スポーツにおける喜びのひとつです。とくに子どもたちにとって、その過程は最もワクワクし、自己肯定感や有能感が身につく瞬間です。ソフトテニスも上達すれば楽しくなり、試合に勝てるように

なって自信がつきます。

　もちろん、なかなかうまくいかないこともあるでしょう。むしろ、つまずくことのほうが多いはずです。しかし、諦めずにトライを続ければ、きっとできるようになります。また、そこで身についた忍耐力や我慢する心は、これからの人生でも必ず生きてきます。

　指導者や保護者の方々にとっては、子どもたちの成長は大きな喜びになります。その一方で、人に教える、導くということは、忍耐や我慢、苦労、工夫や継続、挑戦する心が不可欠です。それを実感しているからこそ、私は競技に打ち込む子どもたちを支える指導者や保護者の方々を心から尊敬します。

　選手の皆さん、指導者や保護者の皆さんの「ソフトテニス・ライフ」が、本書によって少しでも充実したものになれば幸いです。

2023年12月
　清明学園中学校 ソフトテニス部 監督
　　　　　　　　　　　　高橋 茂

本書の使い方

このページは、はじめて本書をご覧いただくときに、お読みください。

練習メニューページの見方

写真や図を用いて、わかりやすく説明しています。

練習メニュー名

練習番号と練習メニュー名を記載しています。

ねらい

ここで練習するメニューの目的や、技術の習得目的を解説しています。

写真・手順

メニューのやり方を解説しています。写真でメニューのやり方を、その下の CHECK! で注意点や補足事項について説明しています。

アドバイス!・指導者 MEMO

「アドバイス!」では監修者から選手へ練習のポイントやコツを解説しています。
「指導者 MEMO」は指導者へ向けて練習で気をつけたいことや指導のポイントをまとめています。

menu **005**　基本の動作

スプリットステップ

ねらい　スプリットステップは、待球姿勢から1歩目の動き出しを速くするために欠かせない。かかとを浮かせて待機し、相手のインパクトと同時にかかとを踏みつける。

1　正しい待球姿勢で相手の動きをよく見る

上体はリラックスする

☑ CHECK! ここで力んでいるとすばやい動きができない。上体はリラックスさせておく。

2　相手のインパクトと同時にかかとを踏みつける

☑ CHECK! ジャンプするのではなく、かかとを浮かせてから踏みつけるイメージ。

アドバイス!

かかとを浮かせ、重心を足の前に置きましょう。スプリットステップによって、左右どちらに打たれても対応できるようになります。

アドバイス!

慣れてきたら意識的に行うのではなく、自然と体が動くようにしたいものです。無意識にステップできるのが望ましいです。

28

本書の構成

　本書は構え方やステップのやり方、ボールの打ち方などを解説した「技術解説」と、アップのやり方や技術を身につけるための「トレーニング」、試合で活用できる戦術トレーニングを解説した「練習方法」を、5つの章に分けてまとめています。

※本書では、基本的に右利きのプレーヤーを基準にメニュー内容を記載しています。

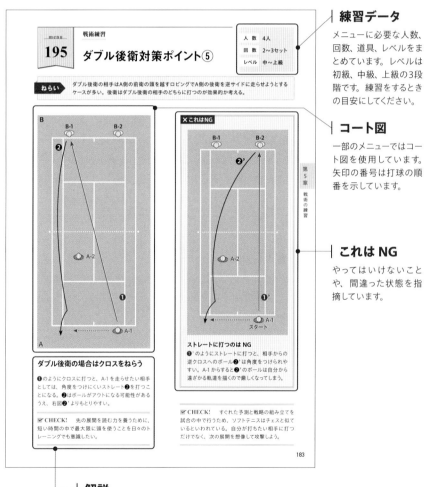

練習データ

メニューに必要な人数、回数、道具、レベルをまとめています。レベルは初級、中級、上級の3段階です。練習をするときの目安にしてください。

コート図

一部のメニューではコート図を使用しています。矢印の番号は打球の順番を示しています。

これは NG

やってはいけないことや、間違った状態を指摘しています。

解説

コート図を用いたメニューでは、コート内での選手とボールの動きを解説しています。文章内の番号はコート図内の番号とリンクしています。

CONTENTS

第 **1** 章

アップと
基本の動作

第 **2** 章

基本の打ち方の練習

CONTENTS

第 3 章
発展の打ち方の練習

第 4 章

サービスの練習

CONTENTS

第 **5** 章

戦術の練習

選手の皆さまへ

地味なことを地道に頑張る

この本を手にとった皆さんは、きっとソフトテニスが好きで、大会への出場やそこで優勝するなど何か目標を持ってとり組んでいることでしょう。この本を手にした時点で、ライバルと比較して一歩前に進めています。なぜなら成長は自ら求めることから始まるのです。

ここから上達していくためには、「正しい努力」が必要です。では「正しい努力」とは何でしょうか?

私は本校の生徒に、大会後や遠征後、必ず「また明日から、地味で地道なことを繰り返そう」と伝えます。目標を達成するために必要なことは「血が滲むような努力」ではありません。基礎トレーニングやフォームの確認など、地味で地道な、毎日行っている練習メニューを繰り返すことと、1日1センチでいいから前に進もうとする、向上的な気持ちなのです。

些細なことだと思うかもしれませんが、こうした努力が勝敗を分けます。ソフトテニスに限らず、小さなことや細かいことをおろそかにすると、大きな目標を逃してしまう可能性が高まります。たった1回くらい、たったこれぐらい、この気持ちの差が勝負の分かれ目です。皆さんのつかみとる勝利は、日々の「正しい努力」の積み重ねによってもたらされるものなのです。

「正しい努力」のあり方は人によるかもしれませんが、私は地味で地道なことの繰り返しが、栄光につながると信じています。

楽しむことが上達の道

　上達するために心掛けてほしいことが3つあります。

　1つ目は、ボールを諦めないことです。ソフトテニスや卓球などのラケットスポーツは、どこで試合の流れが変わるかわかりません。試合を終えてから、あの一打、あの一球が勝敗を分けたと振り返るスポーツです。だからこそ、練習のときから自分に厳しく、一打一球を追いかけましょう。最後まで自分の力を絞り出せる選手になってください。

　2つ目は、練習を工夫することです。効果的な練習ができているかどうかは、ボールが教えてくれます。たとえばボールがコートに入らない人は、何がいけないのか、どんな練習をすればいいのかを考え、練習を工夫する必要があります。コーチや仲間と相談しながら、自分なりにチャレンジしてみてください。上達する瞬間は必ずやってきます。その瞬間を求め続けてください。

　3つ目は、ソフトテニスというスポーツを心から楽しむことです。できなかったことができるようになる、試合に勝つという喜びは何物にも代えがたい経験となります。ソフトテニスを楽しみ、ソフトテニスを通して多くのことを学び、成長できることを願っています。

指導者の皆さまへ

よき指導者である前によき教育者でありたい

　勝利を目指していくと、教育者としての一面を忘れている自分に気がつくことがあります。本来楽しいものであるはずのソフトテニスで、不幸な気持ちになる生徒は出したくありません。たとえば大きな大会になればなるほど、どうしてもその陰で面倒を見てあげられない生徒が出ます。勝敗に夢中になるあまり、そういった生徒たちを蔑ろにしていては、よき指導者、よき教育者とはいえません。その生徒たちがどのような表情で過ごしているか、さみしい思いをしていないかと、アンテナを張るようにしています。

　そして、ときには生徒の成長のために、厳しい言葉を伝えなければならない場面もあります。そのときは愛情を持って指導をしていることや、こうなってほしいとストレートに生徒へ伝えるようにし

ています。それに対する生徒のレスポンスは、どんな小さなことでも気にかけます。生徒は「先生は本当に自分のことを考えてくれているのか」という点を敏感に感じとり、判断しているのです。

　また、「自分の背中を見た生徒によい影響を与えているか」ということも意識しています。生徒に「勉強とテニスの両立をしよう」などと偉そうなことをいう前に、自分自身が学校の仕事とテニスの指導の両立ができているか、生徒から尊敬されるような言動をしているか、振り返るようにしています。生徒は言葉や具体的な指導だけでなく、先生の背中からも学ぶのです。

　私自身、一生かけて自分が学び、成長していかなければならないと思っています。よき指導者である前に、よき教育者でありたいものです。

過去の成功体験は捨てよう

　私は自らの未熟さのために、生徒が勝てないという経験をこれまで何度もしてきました。ソフトテニスの素晴らしさを伝えられず、スポーツのよさも伝えられず、部を去った部員もいました。なぜそんなことになったのかというと、私が過去の成功体験に固執し、勝利ばかり追い求めていたからです。

　「過去にこのような指導をしてよい試合成績を収めたから、今回も同じように指導をしていたが、子どもがついてこない」と嘆く指導者の方を見かけます。私もその呪縛から抜け出せない時期があったので、気持ちはよくわかります。しかし、成功体験は過去のことです。今ソフトテニスに向き合っている生徒たちには、関係ありません。世の中は必ず変化します。変わらなければならないのは自分自身なのだと、私も気がつきました。

　指導者である以前に教育者であるか、愛情ありきの指導ができているか、自分の背中を見ている生徒によい影響を与えているか、そして生徒がソフトテニスを楽しんでいるか。この4点の実践を、私は心掛けています。

保護者の皆さまへ

スポーツでの経験は成長のチャンス

　スポーツをする子どもに、学んでほしいことは何でしょうか？

　スポーツには不平等や理不尽なことがつきまといます。そしてそれは、世の中に出るとさらに避けて通ることができません。将来、社会人になってからその壁にあたったときに、辛苦を耐え、乗り越えていこうとする力こそ、大切であると私は考えています。

　中には、自分の子どもがその状況になっていることに耐えられないという保護者の方もいます。気持ちはよくわかります。私も自分の子どもが理不尽な目にあったりして悲しい顔をしているのを見るのはつらいです。ただ、世の中に出る前に、こういった経験をスポーツを通して経験しておくことは、子どもにとって成長のチャンスなのです。

勝敗以上の価値を求めて

スポーツでは、すべてにおいて成長するヒントが与えられています。「なぜ自分だけこのような目に」「なぜこれだけ頑張ったのに」という事態は避けようもなくどうしても起こります。それをどのように受け止めて、どのように立ち向かうかを教えるのが、指導者の役割です。そして、子どもの心を支え、寄り添いサポートできるのは、保護者の皆さまです。自宅に帰ってきた子どもにどのような言葉をかけるかで、子どもの成長は変わります。

指導者と保護者によるこうしたサポートは、子どもたちが他者に優しくなり、他者の痛みをわかり、周りの助けや愛情を感じられることのきっかけにもなります。これまで多くの生徒や家庭に、そして多くの時間をかけて生徒に向き合ってきた私の感想です。

どれくらいの距離感で保護者が関わるのかということに、正解はありません。ただ、技術が上達する喜びや、勝利をつかみとる成功体験だけから学んでいるのではなく、子どもたちがスポーツを通して、人生における大きな大きな学びを得ているのだと、感じてほしいと思います。

ときには不運な結末もあるかもしれません。理不尽なこともあります。それも含めてスポーツを通して得られる学びなのです。

ソフトテニスの基礎知識

コートの大きさ

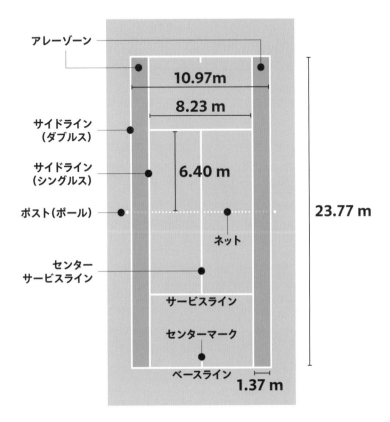

アレーゾーン

10.97m

8.23 m

サイドライン（ダブルス）

サイドライン（シングルス）

6.40 m

ポスト（ポール）

ネット

23.77 m

センターサービスライン

サービスライン

センターマーク

ベースライン

1.37 m

コートの種類

クレーコート
土のコート。ボールが弾みにくいものの、弾んだ後にあまりスピードが落ちない。学校によく設置されている。

インドア
体育館の床に作るフローリングのコート。ボールはよく弾み、回転の影響も出やすい。足が滑りにくい特徴もある。

オムニコート
砂がまかれた人工芝のコート。クレーコートよりもボールが弾みやすく、大会でよく使われる。足が滑りやすい。

ハードコート
アスファルト上に特殊な樹脂を敷いたコート。ボールの勢いを吸収し、ボール回転に影響を与えやすい特徴がある。

基本用語

	用語	意味
あ	インパクト	ラケットにボールがあたる瞬間のこと。
か	カット	ボールが変形するように強く切る打ち方。
か	クロス	コートを斜めに打つコース。右側から左斜めへのクロスを「正クロス」、左から右斜めへのクロスを「逆クロス」という。⇔ストレート
か	後衛	ベースライン付近でプレーする選手。ベースラインプレーヤー。
さ	サービス	プレーを開始するときに投げ上げたボールを打つ打ち方、打球。サーブ。
さ	軸足	打つときに自分の体を支える足。
さ	スタンス	打球のときの両足の構え。

・オープンスタンス
フォアで打つ場合、両足のつま先を結ぶ延長線が打ちたい方向よりも左を向くスタンス。

打つ方向

左

・クローズドスタンス
フォアで打つ場合、両足のつま先を結ぶ延長線が打ちたい方向よりも右を向くスタンス。

打つ方向

右

	用語	意味
さ	ストレート	コートの縦のライン沿いのコース。⇔クロス
さ	ストローク	一度バウンドしたボールを打つ動作。
さ	スマッシュ	頭上から強く打ち込む打ち方。
さ	前衛	ネット付近でプレーする選手。ネットプレーヤー。
た	テークバック	打つ前にラケットを後ろに引く動作。
た	トス	サービスをするためにボールを手から離す動作。
た	トップ打ち	ラケットの先端を上げて高い点からボールを打ち下ろす打ち方。
な	流し	自分の体の右方向にボールを打つこと。
は	バック	利き腕と反対側。ラケットを持っていない側。本書では左手側とする。
は	引っ張り	自分の体の左方向にボールを打つこと。
は	フォア	利き腕側。ラケットを持っている側。本書では右手側とする。
は	フォロースルー	ラケットにボールがあたってからの振り抜き動作。
は	ポーチ	パートナーがとるべきボールを前衛が横から飛び出して打つこと。
は	ボレー	ネット近くでノーバウンドで打つこと。
ら	ライジング	バウンドしたボールが頂点に達する前に、早いタイミングで打つ打球。
ら	ラリー	ボールの打ち合い。乱打。
ら	リカバリー	もとのポジションに戻ること。
ら	レシーブ	サービスされたボールを打ち返すこと。
ら	ロビング（ロブ）	緩やかな放物線を描くように打ち上げる打球。

ソフトテニスの試合のルール

試合の勝ち負け

　ソフトテニスには、2人1組でペアとなって相手ペアと対戦するダブルスと、1人対1人で対戦するシングルスがあり、試合は7ゲームマッチか9ゲームマッチで行われるのが一般的。7ゲームマッチなら4ゲーム先取、9ゲームマッチなら5ゲーム先取で勝利となる。大会によっては3ゲームマッチや5ゲームマッチの試合もあり、いずれも過半数のゲームを先取した側の勝ちとなる。

| 7ゲームマッチの場合

	1ゲーム	2ゲーム	3ゲーム	4ゲーム	5ゲーム	6ゲーム	7ゲーム
Aチーム	○ 勝	○ 勝	● 負	○ 勝	● 負	○ 勝	－
Bチーム	● 負	● 負	○ 勝	● 負	○ 勝	● 負	－

※7ゲームのうち、4ゲームを先取したAチームの勝利

1ゲームは4ポイント先取

　4ポイントを先取すると、1つのゲームを獲得したことになる。ただし、互角（7ゲームマッチなら3対3）で迎えたファイナルゲームでは7ポイント先取した側の勝ちとなる。

　各ゲームで3ポイント同士（スリーオール）になった場合や、ファイナルゲームで6ポイント同士（シックスオール）になった場合は、デュースになる。デュースでは2ポイント連続でとった側がゲーム獲得となる。

| 各ゲームで3対3でデュースになった場合

2ポイント連続先取する	➡	勝ち
2ポイント連続先取される	➡	負け
1ポイント先取した（された）後、1ポイントとられる（とる）	➡	再びデュースへ

※デュースの場合はこのような流れになる

━━ 相手にポイントが入る主なケース ━━

- サービスを2回ともサービスコートに入れられなかったとき。
- ラリー中のボールをワンバウンドかノーバウンドで打ち返せなかったとき。
- 自分の打球がネットを越えなかった、またはコートの外に落ちたとき。
- 自分のラケットや体、ユニフォームなどがネットに触れたり、ネットを越えたりしたとき。
- ボールがラケットに2回以上あたってしまったとき。
- ボールが選手の体やユニフォームにあたってしまったとき。
- 手から離れたラケットで打ったとき。

サービスとレシーブのルール

サービスとレシーブの やり方

　サービスは対角線上にある相手のサービスコートに入れる。右側のコート（センターマークの右側）から行い、1ポイントとるかとられたら、次は左側のコートへ移動して打つ。ダブルスの場合、2ポイントごとにサーバーを交代する。サービスは2回打つことができる。ファーストサービスが入らなかったら「フォルト」となり、セカンドサービスを打つ。

　レシーブは、サービスコートに入ったボールを必ずワンバウンドで相手コートに打ち返す。ダブルスでは2人が交互にレシーブを打つ。

サービス、レシーブの チェンジとサイドの チェンジ

　サービスとレシーブは1ゲーム終わるごとに相手と交替し、奇数ゲームが終わるごとにコートチェンジを行う。ファイナルゲームは、相手と2ポイントごとにサービスを交替し、サイドのチェンジは最初の2ポイントが終わった後に行う。その後は4ポイント終わるごとに行う。

| サービスのコース

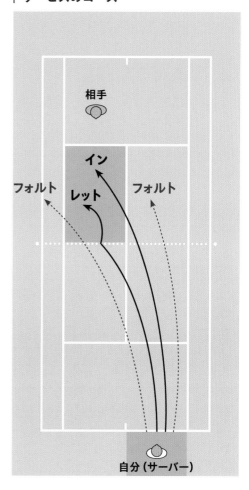

相手

イン

フォルト　レット　フォルト

自分（サーバー）

サービス関連の用語

| イン

サービスしたボールがサービスコートに入ること。相手はボールがワンバウンドしてからレシーブしてボールを返す。

| フォルト

ボールがサービスコートに入らなかった状態のこと。またはベースラインを踏んでサービスを打つとフォルトになる。

| レット

ネットにあたったボールがサービスコートに入った場合と、審判のコール前にサービスをするとレットになり、やり直し。

練習で使う道具

ラケットとボール

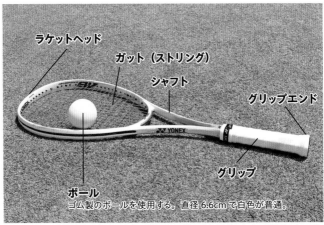

ラケットヘッド

ガット（ストリング）

シャフト

グリップエンド

グリップ

ボール
ゴム製のボールを使用する。直径 6.6cm で白色が普通。

※ラケットを縦向きに扱うことを「縦面」、横向きに扱うことを「横面」という。

練習で使うボール

キャッチボール用のボール
やや重みがあり片手で投げられる球を用意する。

ソフトバレーボール
やや大きく柔らかいもの。手テニスのトレーニングで使う。

スポンジボール
ショートラリーやボレー・ボレーで使用する。

その他の道具

コートマーカー
サービス練習のときなど、足を置く位置の目安とする。

バンダナ
素振りをする際に、ラケットヘッドに結んで使う。

タオル
長めのフェイスタオルの先端を結んで素振りを行う。

第 **1** 章
アップと基本の動作

構え方やラケットの握り方、ステップなどソフトテニスの基本の動作と、
アップのやり方をこの章で解説します。
基本をおろそかにしていては上達にも結びつきません。しっかりとり組みましょう。

構え方・基本の姿勢

1 両足は肩幅より少し開く 両ひざは曲げてリラックスする

2 ラケット面を立てるように持って 構える

✔ **CHECK!**

両足は肩幅より少し開き、前から見たときに頭を頂点とした大きな三角形になるように構える。動き出しは両足裏で地面を踏みしめる。

✔ **CHECK!**

前傾姿勢を作る。ただし、前かがみになりすぎないように注意。お尻を突き出すイメージで胸を張る。

✕ これはNG

体に余計な力が入っていると、構えが窮屈になり、すばやい動き出しができない。肩甲骨を中央に寄せて胸を開き、リラックスして構えよう。

ボールを打つ前の基本的な構えを「待球姿勢」という。相手のボールに対する準備の遅れはミスにつながる。とくに、どこにボールが飛んでくるかわからない試合では、すばやく次のプレーの準備に入る必要がある。待球姿勢は、上半身をリラックスさせることが重要。力んで構えていては、スムーズな動きはできない。すばやく1歩を踏み出せるような待球姿勢を身につける。

ねらい

3 ラケットヘッドは少し下げてもよい

手首が
脱力する

✓ CHECK!

左足を
右足より
引く

左足を右足より引いて構えると、バックの準備が速くなる。試合の中では必ずしも両足を相手に対して平行に構えないといけないわけではない。重要なのは、いかに1歩目ですばやく動き出せるか。

✓ CHECK!

ラケットヘッドを下げると手首が緩み、脱力できる。ただし、引いてから振るまでに手首を作る必要があり、角度がブレやすくなる。

アドバイス！

ここで紹介したのは、ワンバウンドしたボールを打つ「ストローク」をするときの待球姿勢です。相手ボールが飛んでくる時間が短くなるネット付近では、より俊敏な動きが必要です。ストロークを打つときほど重心を低く落とさず、ラケットはネットより高い位置で構えましょう。

002 ラケットの握り方①（ウエスタングリップ）

> **ねらい** ラケットを持つときはグリップを握る。最も基本的な握り方は、ラケット面と手のひらが平行になるウエスタングリップ。ストロークやボレーを打つのに適している。

① 置いたラケットに上から手を乗せる

☑ **CHECK!** 利き手側の地面に置いたラケットのグリップに、真上から手を乗せる。

② グリップの角に指の股があたるようにする

☑ **CHECK!** 八角形のグリップの左上の角に親指と人差し指の股があたるようにする。

③ そのままグリップを握る

☑ **CHECK!** ラケットを見なくても、感覚的にこの握り方ができるようにしたい。

④ ひじ、グリップ、シャフトが一直線になるようにする

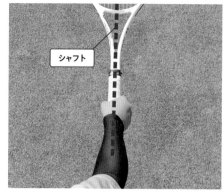

シャフト

☑ **CHECK!** 自分の側から見ると、ひじ、グリップ、シャフトが一直線になる。

握り方

menu 003
握り方
ラケットの握り方②
（ハンマーグリップ）

ねらい ウエスタングリップの変形型で、親指以外の4本の指をそろえたまま、ハンマーを持つように握る。力が入りやすく、強打を打ちやすい。

親指以外の4本の指をそろえたまま
ハンマーを持つように握る

✔ **CHECK!**

ラケットのヘッドが遅れて出やすいため、相手の前衛にコースを読まれにくいスイングが可能になる。一方、すばやいグリップチェンジがしにくい面もある。メリットとデメリットを理解しておこう。

menu 004
握り方
ラケットの握り方③
（ウエスタングリップの応用）

ねらい ウエスタングリップの握りから人差し指だけを離して握る。中指、薬指、小指の3本と親指を使うことで安定し、コントロールしやすい。

人差し指だけを離して握る

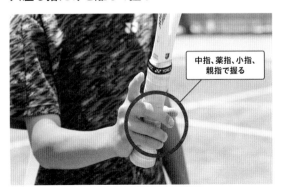

中指、薬指、小指、親指で握る

✔ **CHECK!**

人差し指を離した握り方は、打球をコントロールしやすい反面、パワフルなプレーにはあまり向いていない。ハンマーグリップと同じで長所も短所もあるため、練習で試し、自分に合ったスタイルを見つけよう。

スプリットステップ

> **ねらい** スプリットステップは、待球姿勢から1歩目の動き出しを速くするために欠かせない。かかとを浮かせて待機し、相手のインパクトと同時にかかとを踏みつける。

① 正しい待球姿勢で相手の動きをよく見る

上体はリラックスする

☑ **CHECK!** ここで力んでいるとすばやい動きができない。上体はリラックスさせておく。

② 相手のインパクトと同時にかかとを踏みつける

☑ **CHECK!** ジャンプするのではなく、かかとを浮かせてから踏みつけるイメージ。

アドバイス!

かかとを浮かせ、重心を足の前に置きましょう。スプリットステップによって、左右どちらに打たれても対応できるようになります。

アドバイス!

慣れてきたら意識的に行うのではなく、自然と体が動くようにしたいものです。無意識にステップできるのが望ましいです。

menu	基本の動作
006	# サイドステップ

ねらい 相手が打ってきたボールのところにすばやく移動するフットワークのうち、自分が今いる位置から1m程度以内の近い距離を移動するときに使うのがサイドステップ。この細かい動きを覚える。

① 待球姿勢をとり 相手の動きをよく見る

上体は
リラックスする

☑ **CHECK!** 上体はリラックスさせ、前後左右のどこにでもすぐに動ける準備をしておく。

② 打たれたボールのコースや 質をすばやく見極める

すばやく
重心移動

☑ **CHECK!** 動く方向に重心移動する。体の軸がブレないように注意すること。

③ 左方向に動く場合 左足は右足より先に着地させる

☑ **CHECK!** 左足が着地する瞬間にはすでに右足は浮いている。

④ 足を引きずらないで すばやく移動する

☑ **CHECK!** サイドステップは上体を正面に向けたまま、足を引きずらずに動く。

クロスオーバーステップ

> **ねらい** フットワークのうち、サイドステップでは届かない距離を移動するときに使うクロスオーバーステップを覚える。移動方向が逆の場合は動作も逆になる。

① 上体をリラックスさせた 待球姿勢で構える

☑ **CHECK!** どのコースに打たれてもすぐに動けるようにしておく。

② 左方向に動く場合 右足を左側に大きく踏み出す

☑ **CHECK!** サイドステップでは届かないと判断したら、右足を左足の前にクロスさせる。

③ 1歩目となる右足は 大きな歩幅を意識する

☑ **CHECK!** 右足の踏み出しの大きさが移動距離を決める。

④ 左足を左側に持ってくる

☑ **CHECK!** さらに移動が必要なら、追加のステップかサイドステップで動く。

menu
008

基本の動作

バッククロスステップ

ねらい ▶ バッククロスステップはシングルスの試合で使う機会が多い。足をクロスさせ、軸足の後ろ側に踏み込んで移動する。

1 どこにでもすぐに動ける 準備をして構える

☑ **CHECK!** メニュー005のスプリットステップでの足の運び方を意識する。

2 左方向へ動く場合は 右足を後ろ側に出す

☑ **CHECK!** 基本的に、動きたい方向と逆の足を軸足の後ろ側に踏み出す。

3 左足の後ろを通し 右足を左へ大きく踏み出す

☑ **CHECK!** 右方向へ移動したい場合はここまでの動作がすべて逆になる。

4 左足を左側に持ってくる

☑ **CHECK!** バッククロスステップをすることで次のリカバリーが速くなる。

アンクルホップ

ねらい ボールを打った後は、次のプレーでエネルギーを出す準備をする必要がある。その際、足首で跳ねてリズムを作る動きがアンクルホップ。微細だが、とても重要な動きだ。

① アキレス腱を使い足底で地面を蹴る

② その後スプリットステップに入る

かかとを浮かせてステップ

☑ CHECK!

スプリットステップの前にアンクルホップで体を小刻みに動かすことによって、1歩目のスタートをより速くする。

リズムステップ

ねらい 初心者は両足をベタっと地面につけて止めてしまいがち。そこでボールを打たない時間にリズムステップで足を動かすことで、スムーズなフットワークにつなげていく。

① リズムよく足を左右に払う

頭の位置は動かさない

② 体の軸はまっすぐなまま

③ 両足をベタっとつけないようにする

menu
011

アップ

ジャンプスキップ

人 数	1人
距 離	30m
レベル	初級

ねらい ジャンプスキップは、腕をしっかり振り、下半身と上半身を連動させながら、心拍数を上げていくウォーミングアップ。速く走るために欠かせない推進力も生み出す。

① タイミングよく
スキップする

② 腕と足の動きを
連動させる

☑ CHECK!

大きな動きで下半身と上半身を連動させ、心拍数を上げることを意識する。姿勢が前かがみになったり、目線が下がったりしないように注意しよう。

---

menu
012

アップ

バックスキップ

人 数	1人
距 離	30m
レベル	初級

ねらい ジャンプスキップの動きで後ろ方向に進む。進行方向が見えないため動きが小さくなりがちだが、しっかり腕を振り、ひざをできるだけ高く上げる。

① スキップで
後方へ移動する

② 腕と足の動きを
連動させる

☑ CHECK!

足が地面に接地するとき、体幹の軸がブレないようにすることで、地面から反発力をもらい力強く跳ぶことができる。

スクワットジャンプ

人 数	1人
距 離	10m
レベル	初級

ねらい スキップで心拍数を上げつつ、スクワットで足やお尻など下半身の筋肉を鍛え、股関節回りの柔軟性も高める。ジャンプが加わることで体幹のバランスも磨かれる。

1 スキップで
2歩前に進む

2 3歩目で
跳び上がる

3 両足で着地しできる
だけ深く体を沈める

両ひざの間隔を
広くとる

バックキックスクワット

人 数	1人
距 離	10m
レベル	初級

ねらい 片足を蹴り上げながら、体を背中側に反転させ、そのままスクワットに入る。ソフトテニスに必要な股関節、ひざ関節、足首の屈曲を意識して刺激を入れる。

1 片足を蹴り上げ
体を反転する

2 ひざ下をできるだけ
高く上げる

3 そのまま体を深く沈
める。逆の足も行う

股関節の
広がりを
意識する

両ひざの
間隔を
広くとる

アップ
......

バウンディング

人 数	1人
距 離	10m
レベル	初級

ねらい 着地した足の反動を利用して大きく前へと跳び続けるバウンディング。足で地面をぐっと踏んだときに、逆方向から同じ強さで押し返してくる地面反力を意識して行う。

① 足と腕の動きを連動させる

② ダイナミックに遠くに跳ぶ

③ 接地した反動を次に生かす

少しでも遠くに跳ぶよう意識

10回繰り返す

アップ
......

連続立ち幅跳び

人 数	1人
距 離	10m
レベル	中級

ねらい ソフトテニスに必要な上半身と下半身の連動や地面反力を意識づけるほか、脚力を高め、両腕のスイングや空中での体勢維持から上半身や体幹にも刺激が入る。

① ひざを曲げ両腕を後方に

② 両足で踏みきり前方向に跳ぶ

③ 空中でバランスをとり両足で着地

連続で行う

017

アップ

肩甲骨ほぐし

人 数	1人
回 数	10回
レベル	初級

ねらい ラケットを操作してプレーするソフトテニスでは、肩や肩甲骨の筋肉をひんぱんに使う。肩甲骨回りの柔軟性を高めておくことが、スムーズな動きにつながる。

① 前へならえから両手のひらを外側に向ける

② 両腕をひねりながら手前に引く

手のひらは
正面を向く

✔ CHECK!

両腕をひねりながら引くときは、胸を張り、左右の肩甲骨を中央に寄せるようなイメージで強く動かす。呼吸しながらゆっくりと①②を繰り返す。

018

アップ

片足軸作り

人 数	1人
距 離	10m
レベル	初級

ねらい ソフトテニスでは、片足立ちになってプレーする場面が少なくない。片足で立っても崩れないバランス感覚を磨くと、通常のストロークやネットプレーでも安定感が増す。

① 片足立ちになって体を沈める

② 片足で踏みきり斜め前に跳ぶ

③ バランスを崩さないように続ける

アレーゾーン
で行う

ひざは前に
出すぎない

menu
019

きょうつい
胸椎ストレッチ①

人　数	1人
回　数	左右10回ずつ
レベル	初級

ねらい　胸椎は首元から背中の中央あたりを構成する背骨。ストロークやサービスを打つ際に動かす、ソフトテニスで欠かせない部位のため、しっかりほぐしておく。

1 両足を広く開き
前屈して足首を持つ

2 片手を横から上方向に
上げていく

✔ **CHECK!**

片手を伸ばしたままゆっくり上げて胸を開く。できれば真上まで、柔らかい人は逆側まで手を持っていく。逆側も同様に。

menu
020

胸椎ストレッチ②

人　数	1人
回　数	左右10回ずつ
レベル	初級

ねらい　ストロークなどのスイングは胸椎と肩の回旋でボールを打つ。このストレッチでは胸と肩を開くことでストローク時の動きを養う。

1 両足を前後に開き
横を向いて片腕を回す

2 腕が肩の真上にきたら
胸を大きく開く

✔ **CHECK!**

股関節を前後にダイナミックに開き、前の足の横に逆側の手を置く。もう一方の手を肩の根元からゆっくり回し、胸を開いていく。逆側も同様に行う。

アップ

胸椎ストレッチ③

人 数	1人
回 数	左右10回ずつ
レベル	初級

ねらい 体をコンパクトに縮めた状態から胸を開いていく。大きな開脚によって股関節もほぐれるので、試合の合間やしっかり体を温めたい冬場のウォーミングアップにおすすめ。

1 開脚した前足の横に
同じ側のひじを入れる

2 胸を開くようにして
その手を高く上げる

✔ CHECK!

両足を前後に開脚し、前の足の横に逆側の手を置いたら、その間に前足側のひじを入れて地面につける。その体勢から胸椎を開いていく。逆側も同様に。

アップ

片手逆立ち

人 数	2人
時 間	10秒
レベル	上級

ねらい ソフトテニスは重心をコントロールする競技でもある。2人でペアになり、補助倒立を行ってから片手立ちの体勢になる。重心がどう移動しているかを意識する。

1 倒立してパートナーが
足首を持ち補助する

2 片手を上げて
片手倒立になる

✔ CHECK!

片手になったときに重心がどう移動しているかを感じとろう。逆側の手でも同じように行う。安全には十分に気をつけること。

menu 023　アップ
キャッチボール①

人 数	2人
道 具	キャッチボール用のボール
回 数	往復10回

ねらい　野球の投げ方は、ソフトテニスのサービスやスマッシュと同じような体の動かし方をする。ボールを投げる動きをとり入れることで、テニスの上達につながる。

ベースラインとネット間ぐらいの距離で
キャッチボールを行う

✔ CHECK!
右ひじを曲げて耳から離してボールを握り、右ひじと左肩を一直線にして投げたい方向に向けてから、腕をしならせるように投げる。可能ならソフトテニスのボールより重みがあるキャッチボール用のボールや硬式テニスのボールを使うと効果的。

menu 024　アップ
キャッチボール②

人 数	2人
道 具	キャッチボール用のボール
回 数	往復10回

ねらい　より遠くにいる相手にボールを投げる。慣れてきたらベースラインとベースラインの間ぐらいの距離をとり、相手にノーバウンドで届くように投げる。

① ひじと肩が一直線になるように引く

② 投げ終わりは前足1本に体重を乗せる

✔ CHECK!
正面に対して体を90度ひねり、ボールを持った腕のひじを曲げて後ろに引く。体のひねりを戻すように、大きな動きでボールを投げる。

キャッチボール③

ねらい ボールを捕ったらすばやく相手に投げるキャッチボール。ソフトテニスでは、テークバック（打つ前のラケットを引く動作）や重心移動など、すばやい運動連鎖が大切。

捕ったらすぐに投げて
速いテンポでキャッチボールを行う

☑ CHECK!

投げるボールも相手の胸に向けて、できるだけ低い弾道で投げる。ソフトテニスのボールは軽いため、やや重みがあるキャッチボール用のボールや硬式テニス用のボールなどを使うと、リズムを出せる。

キャッチボール④

ねらい 移動してから低重心で打つ動きを養うアップのメニュー。転がってきたボールを捕って、動きを止めずに投げ返す。野球の内野手のゴロ捕球のイメージ。

1 転がされたボールを
低い姿勢で捕球する

2 捕球したら
すばやく投げ返す

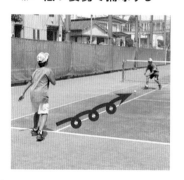

☑ CHECK!

ひざを曲げて腰を落とし、ボールを体に引きつけてから捕る。すばやく体を起こし、右足から左足に重心を移動させながら相手に投げ返す。

アップ

キャッチボール⑤

人　数	2人
道　具	キャッチボール用のボール
回　数	往復10回

ねらい 下半身と上半身を連動させるキャッチボールだが、投げると同時に、利き手と逆の足を踏み込まずに前に振り出す。これは深いスマッシュを追って打ったときの動きと同じになる。

① 利き手側の片足1本で立って投球動作に入る

右手と右足

② 投げた後に浮かせた足を前に出す

✔ CHECK!

足を踏み込めない分、上体を折り曲げることでエネルギーを生み出す。できるだけ力強いボールを投げる。そのためには躍動感のある投げを意識すること。

アップ

キャッチボール⑥

人　数	2人
道　具	キャッチボール用のボール
回　数	往復10回

ねらい キャッチボール⑤と異なり、投げた後に利き手側の足を前に出す。バランスを崩されたときに動作を安定させる体作りにつながる。

① ボールを放すまでは通常の投げ方をする

② 投げた後に利き手側の足を前に出す

✔ CHECK!

ソフトテニスでは片足1本になってプレーする場面が多い。ここでは同じ側の腕と足を連動させ同期させることで、全身のバランス感覚を養う。

アップ（ストレッチ）

ラケットストレッチ①

人 数	1人
道 具	ラケット
回 数	左右10回ずつ

ねらい　ラケットのグリップとヘッド部分を両手で持って行うウォーミングアップ。いつでもどこでもできるので、練習前や試合前はもちろん、空き時間にも行いたい。

1 グリップとヘッド部分を持つ

2 シャフトを軸にして回す

3 逆方向にも回す

シャフト

肩回りの刺激を意識する

アップ（ストレッチ）

ラケットストレッチ②

人 数	1人
道 具	ラケット
回 数	左右10回ずつ

ねらい　グリップを持ち、手首を回して腕を中心に肩回りをほぐす。ソフトテニスで重要なプロネーション（腕を振ったときの手先の返し、前腕の内側へ回る運動）を高める。

1 腕を前に伸ばして横面を作る

2 グリップを起点に手首をひねる

3 逆回転させてヘッドを下に向ける

menu 031

アップ

ボール突き①

人　数	1人
道　具	ラケット、ボール
レベル	初級

ねらい 頭から体へ瞬時に指示を伝えるためには、自分の体を巧みに動かす能力が不可欠。遊びを通じて、体を上手に扱えるようにするコーディネーション能力を磨いていく。

1 ラケット上で
ボールを弾ませる

2 ラケットを逆の手に
持ち替える

3 持ち替えた手で
弾ませる

慣れてきたら
1回ごとに左右
を持ち替える

menu 032

アップ

ボール突き②

人　数	1人
道　具	ラケット、ボール
レベル	中級

ねらい ボール突き①の進化系で、ラケットを持ち替えるときにラケット面の表と裏も入れ替える。これを繰り返すことで、プレー中に求められる瞬時のグリップチェンジが身につく。

1 ラケット上で
ボールを弾ませる

2 手を持ち替え
面の表裏を替える

3 持ち替えた手で
弾ませる

実戦でグリップを持ち替える
場面に対応できるようにする

アップ

ボール突き③

人 数	1人
道 具	ラケット×2 ボール×2
レベル	上級

ねらい 両手にラケットを持ち、それぞれのラケットで1つずつボールを突く。2つのボールを扱うため、周辺視野が鍛えられ、左右のバランスをとりながら体の調整力を上げる。

左右のラケットの上でボールをバウンドさせ
視界の中で2つのボールを追う

☑ CHECK!

ボールをラケット面で受けるときは、両ひざを軽く曲げて、左右のボールの高さがなるべく一定になるようにする。片方のボールばかりを意識すると、もう1つのボールをうまく扱えなくなる。

アップ

ボール突き④

人 数	1人
道 具	ラケット×1 ボール×2
レベル	上級

ねらい ボール突き③と同じく周辺視野を鍛えるコーディネーショントレーニング。試合中に、視野の中に相手とボールの動きを同時に捉える感覚に近い。

ラケット1本を持った状態で
2つのボールを交互にバウンドさせる

☑ CHECK!

ひざを柔らかく使うと、安定感が増す。あまり前かがみになりすぎないように注意。1つをソフトテニスのボール、もう1つを硬式テニスのボールで行うと、より難しくなる。

menu 035

アップ

手テニス①

人　数	2人
道　具	ボール
回　数	往復10回

ねらい　足をしっかり動かしてボールに近づかないといけないため、フットワークが自然と強化される。遊びの中で、ラケット感覚やボールの後ろにすばやく入る動きを磨く。

すばやく打点に入って足を止め
手のひらで面を作ってインパクトする

☑ CHECK!

ラケットを使わずに、手をラケット代わりにして相手と打ち合う。手テニスによってストロークを安定させる基礎を養う。手テニスが上達すると、通常のラリーが長く続くようになる。

menu 036

アップ

手テニス②

人　数	2人
道　具	ソフトバレーボール
回　数	往復10回

ねらい　同じボールで手テニスをやっていると刺激がなくなってくるため、いろいろな重さのボールで行う。これにより皮膚感覚や体の奥の深部感覚、内臓感覚といった体性感覚が研ぎ澄まされる。

①　きちんとインパクトさせてボールを飛ばす

②　相手がとりやすい場所をねらって返す

☑ CHECK!

ボールを変えたときに、手でボールを打つ感覚を体に覚えさせる。腰の動きと腕の動きを連動させ、ボールを運ぶように飛ばすことを意識する。

アップ

スポンジボールで
ボレー・ボレー

人 数	2人
道 具	スポンジボール ラケット
回 数	10回

> **ねらい** スポンジボールでボレー・ボレーを行う。スポンジは強めに打ってもスピードが落ちるので続けやすい。この練習でフットワークを覚えていく。ボレーのやり方はメニュー049～052を参照。

① スポンジボールで
ボレー・ボレーをする

☑ **CHECK!** スポンジボールは軽いので、初心者でもラリーを続けやすい。

② 足を細かく動かす
フットワークを意識する

☑ **CHECK!** しっかり足を動かし、ソフトテニスのフットワークを意識する。

③ 低い打点は腰を落とす

☑ **CHECK!** 低いボールは重心を下げて対応する。腕だけで打とうとしないこと。

④ できるだけボールを
落とさないようにする

☑ **CHECK!** 難しいボールも返せるようになると、スムーズな身のこなしが養える。

menu 038

アップ
....

姿勢キープ①

人 数	2人
時 間	5秒
レベル	初級

ねらい 2人1組になり、低い重心で構えた1人をパートナーが押して負荷をかける。ブレることなく、低い重心の構えをキープするのが目的。安定したストロークにつながる。

① 1人はスタンスを広くし 低重心の構えを作る

② パートナーが 横や後ろから押す

背中から押す

☑ CHECK!

スタンスとは、足の構えのこと。パートナーが押す力に負けないように踏ん張る。ウォーミングアップのときなどに行いたい。

menu 039

アップ
....

姿勢キープ②

人 数	2人
回 数	5回
レベル	初級

ねらい 重心は低ければ低いほどよいというわけではない。人それぞれ骨格も筋肉量もちがうため、自分がすばやく動き出せるポジションを見つける。

① 1人はスタンスを広くし 低重心の構えを作る

腰のあたりをつかむ

② パートナーは 飛び跳ねて上から押す

☑ CHECK!

目を閉じて行うと感覚が研ぎ澄まされ、かつ、自分の最適な腰の位置を知ることができる。

アップ

スポンジボールで
ショートラリー

人 数	2人
道 具	スポンジボール
レベル	初級

ねらい スポンジボールのボレー・ボレーと同じで、スポンジボールは球速が通常ボールより遅く、ラリーを続けやすい。初心者でもボールを飛ばす感覚を身につけることができる。

(1) 強めにインパクトして　ボールを飛ばす

(2) 早めに落下地点に入る　ことを意識する

鋭いスイングを
意識

☑ CHECK!
あてるだけで返そうとすると、スポンジボールは思うように飛ばない。ショートラリーではあるが、鋭いスイングができているか確認する。

アップ

カップオブウォーターテニス

人 数	2人
道 具	水の入ったコップ
レベル	中級

ねらい 水が入ったコップを持ちながら、ショートラリーを行う。速く動くことよりも全身のバランスを崩さないことを意識する。バランスの向上と安定が目的。

(1) 水をこぼさないように　ショートラリー

(2) 無理な体勢で打とうと　すると水がこぼれる

水の入った
コップを持つ

水をこぼさないように
気をつける

☑ CHECK!
相手のコップの水を減らすために、相手を動かすことを考えてショットを打つなど、ゲームの要素をとり入れて行うと楽しめる。

第 2 章

基本の打ち方の練習

ストロークやボレー、スマッシュといった基本の打ち方の技術解説と、
練習方法を解説します。最初のうちはゆっくりな球出しからスタートして、
それぞれの動作を意識して練習しましょう。

アンダーストローク

1 ひざを使って腰を落とし
ラケットを後方に引き上げる

2 上半身は起こしたまま
スイングを開始する

✔ CHECK!

どの方向にもすばやく動き出せ
る待球姿勢を作り、相手の動き
や打球をしっかり見ておく。

✔ CHECK!

相手の打球のコースや質を見極
め、早めに軸足（右足）の位置
を決める。

アドバイス！

打点を落としたほうがボー
ルをじっくり見ることができ
るため、とくに初心者は常
に低い打点で打つとよいで
しょう。しかし、ラリーで主
導権を握るには、できるだ
け腰より高い打点で打つよ
うにしたいもの。アンダー
ストロークばかりに頼って
はいけません。

③ ラケットヘッドをグリップより下にしボールを捉える

④ ラケットを下から上に振り上げるように打つ

✔ CHECK!

初心者はスイングと同時に顔も回ってしまいがち。顔を残してインパクトする。

✔ CHECK!

低いボールに対してはラケットヘッドをグリップより下にしてボールを捉える。

✕ これはNG

打った後にいつまでも自分の打球を見ていないこと。すぐに元のポジションに戻り、待球姿勢を作る。

サイドストローク

① ラケットを引くと同時に 右足に体重を乗せる

重心移動

② グリップの先から出てくるように スイングを開始する

✔ CHECK!

ラケットを後方に振り上げながら軸足に体重を乗せる。そのためにも打つ位置への移動をすばやく終えていなければならない。

> アドバイス！
>
> 力は地面反力によって下から上へ伝わります。そのときに上半身に力が入っていると、力がうまく伝わらず、強いストロークは打てません。脱力をして下から上への力を全身に、そしてラケットヘッドに伝えるイメージを持つとよいでしょう。

✔ CHECK!

グリップが先

スイングはグリップが先導し、後からヘッドがついてくる。鋭いスイングをしようと思えば、自然とこのような動きになる。

腰ぐらいの高さのボールを、ラケットを水平に振り抜いて打つのがサイドストローク。ワンバウンドしたボールを打つ「グラウンドストローク」の一種。試合中に打つ機会が多く、ソフトテニスにおける最も基本的なテクニック。ポイントは重心移動と、ラケットのヘッドを遅らせてグリップからスイングすること。上半身を脱力させることで下半身の力がラケットにまで伝わる。

③ ラケットを地面と平行に振り抜きインパクトを迎える

④ 体全体を使って振り抜く

体重を前足に乗せる

✔ CHECK!

ラケットをしならせるようにしてボールを捉え、振り抜くイメージ。

✔ CHECK!

スイングが終わったときは、体重が前足に乗っている状態になる。後ろ足に重心が残っているのは重心移動ができていない証拠。

✔ CHECK!

インパクト時は軸足で地面をつかむ。その後は軸足が勢いのまま前足を追い越して接地してもよい。

技術解説（ストローク）

トップ打ち

1 ラケットを高めに引き ボールを引きつける

高く引く

ボールを体に
引きつける

2 軸足に乗せていた重心を 前に移しながらスイングを始める

✔ CHECK!

高いバウンドのボールは、両足の幅（スタンス）を狭くすることで打ちやすくなる。逆にバウンドの低いボールはスタンスを広げる。

アドバイス！

相手が打ちそこなったり、返球があまくなったりして山なりのボールがきたらトップ打ちのチャンスです。打点に入るときは、ボールの軌道上に入りましょう。そのような動きを入れることでミスが減ります。

アドバイス！

脇を締めてスイングすることで、体がスムーズに回転し、スイングスピードが出るようになります。鋭いスイングはそのまま力強い打球につながります。脇が開いたままでは鋭いスイングにならないので、意識するようにしましょう。

トップ打ちとは、胸から肩ぐらいの高さでインパクトする技術のこと。高い打点で押し出すように打つことで、力強くスピードのあるショットになる。ラリー中に相手の返球があまくなり、山なりのボールが落ちてきたらトップ打ちのチャンス。体全体を大きく使い、他のストローク以上に後ろから前に重心移動を行う。サイドストロークと同じように地面と平行にスイングする。

ねらい

③ 水平にスイングし 胸から肩の高さでボールを捉える

胸〜肩の高さで打つ

④ 踏み込んだ足を伸ばし フィニッシュを迎える

✔ CHECK!

高い打点で打つというと、ラケットを上から下に振り下ろすイメージを持ちやすいが、実際は地面と平行の軌道を描くイメージ。

✔ CHECK!

打ち終わった後は、その勢いのまま踏み込んだ足を1歩前に跳ねると自然な動きになる。右足は後ろに蹴り出すことでパワーが加速する。

▷▶ 指導者MEMO ✒

打点が高いボールを打つときは、体が前後や左右に傾きやすくなります。体の軸がブレると、威力のある打球にならないため、軸をまっすぐに保ってスイングすることを意識させましょう。「体が流れそうなら無理して打たない」のが賢明です。そういった判断を試合の中でつけられるようにする指導を心掛けたいものです。

ライジング

1 ボールのバウンドよりも先に体を沈ませる

体をぐっと沈める

2 ボールがバウンドして跳ね上がってきたところをねらう

頂点にくる前に打つ

アドバイス！

ライジングはラリーのリズムを変えたい場面や、相手に準備の時間を与えたくないときに有効です。決まれば相手を崩すショットになりますが、慣れないと打ちそこなう危険性もあります。ボールをよく見てタイミングを計るようにしましょう。また、ボールがバウンドした位置からなるべく下がらずに対応しましょう。

✔ CHECK!

軸足（右足）に体重を乗せてラケットを引き、テークバックを完了させる。ベースラインから遠くなりすぎないように注意する。

✔ CHECK!

通常のストロークより早いタイミングでスイングを開始し、バウンドしたボールが頂点に達する前に打つ。

③ スイング中は右手のひらをねらった方向に向け続ける

④ 軸足を蹴り出し体の回転を高める

✔ CHECK!

インパクト直前にひじから先で半円を描くようにラケットヘッドをすばやく起こし、ラケットヘッドを加速させる。

✔ CHECK!

インパクトの瞬間、前足で地面を踏みつける。軸足を前に蹴り出して体の回転を高めることで強力なショットになる。

📹 指導者MEMO ✒

ライジングは打つタイミングを覚えることが重要です。それにはショートラリーが練習方法として有効でしょう。2人でサービスライン付近に立ち、バウンドの上がり際を打ち合うラリーを続けさせましょう。ボールを捉える感覚が養われます。

バックハンドストローク

① テークバックでは左股関節を 閉じて右足を斜めに踏み出す

左足に体重を
乗せると
左股関節が
締まる

② ひねった上体を戻して体重を 右足に移しながらスイング

右足に
体重を
乗せる

✔ CHECK!

すばやく打つ位置まで移動し、軸足（左足）を決めたら、そこに体重を乗せる。

✔ CHECK!

ラケットを立てるとパワーを出しやすく、スムーズにスイングを始められる。逆に寝かせると、安定性が増す。

✔ CHECK!

スイングしながら、左足から右足へ重心を移動する。体重を乗せてスイングすることで、鋭い打球になる。

ねらい

利き手とは反対側のコースにきたグラウンドストロークは、バックハンドストロークで返球する。力を入れづらく、ボールを飛ばしにくいことから、とくに初心者は苦手意識を持ってしまう人が多い。しかし、一度フォームを覚えてしまえば、それほど難度は高くなく、フォアよりもミスが少ないストロークになる。股関節を使ってボールにパワーを生み出す打ち方ができるとよい。

③ インパクトはボールをラケットの横面で捉える

④ 右股関節を閉じてフォロースルーを行う

右足に体重を乗せると右股関節が締まる

☑ CHECK!

バックハンドストロークはフォアで打つときより打点が前になる。早めのポジショニングを心掛ける。

☑ CHECK!

エネルギーを蓄積して戻ろうとするのを一瞬我慢し、少しタメてから一気に解放する。下半身の力をラケットに乗せるイメージ。

▶️ 指導者MEMO ✏️

バックハンドが苦手だからと、ほとんどのボールを回り込んでフォアで打つ人がいます。回り込むとそれだけ動く距離が長くなり、時間も労力もかかってしまいます。バックで打てれば、動く距離や時間を短縮できるので、必ずマスターしておきたい技術です。フォアとバックを適切に使い分けられるように、状況を判断するクセを指導の中でつけさせましょう。

menu 047

流すストローク

1 テークバックでは 右足に体重を乗せる

2 スイングしながらボールを 十分に手前に引きつける

ボールを引きつける

☑ **CHECK!**

左肩を入れることで、上半身がひねられ、相手に対する牽制にもなる。相手はどちらのコースに打ってくるか読みにくい。

☑ **CHECK!**

流すストロークでは打点を遅らせて引きつけ、右足のそばでボールをインパクトする。

✕ **これはNG**

流すストロークを打つときは、打点が前すぎるのはNG。これでは右方向に流せない。

右利きのフォアハンドのストロークで、左方向に角度をつけて打つのが引っ張り、右方向に打つのを流しという。初心者にとっては引っ張りが打ちやすいが、流すストロークを打てるようになると攻撃の幅が広がる。流すストロークは相手から見ると、バック側を攻められることになり、厳しい返球をしづらくなる。

③ 打点を遅らせてボールを捉え振り抜く

十分に引きつけてからインパクト

④ フィニッシュでは左足に体重が乗っている状態になる

左足に体重を乗せる

✔ CHECK!

重心を前足に移しながら、軸足の近くでインパクトするのはやや難しいが、コツさえつかめばできるようになる。

アドバイス！

バック側にロビングで振られたとき、フォアに回り込んで引っ張りも流しもできる準備をされると、相手は的を絞れません。右利きのバックハンドで、左方向に打つ流しのストローク

は難度が高めです。ただし、打点を遅らせ気味に打つのはフォア側と同じ。バックの場合は打点を遅らせると、窮屈なフォームになってしまうので、適度なポイントを探してみましょう。

menu 048
ノーバウンドストローク

1 軸足に体重を乗せる

2 左足を踏み出しながら水平にスイングする

スイングと同時に
踏み出す

☑ **CHECK!**

全身をリラックスさせた姿勢で構える。待球姿勢で力んでいると、すばやい動きができない。

☑ **CHECK!**

テークバックはラケットを立ててコンパクトに。通常のストロークほど大きく後ろに引かない。

☑ **CHECK!**

左足を右足の前に大きく踏み出す。これによって体をねじる動きになり、強い打球を生み出せる。

相手から緩く上がってきたあまいボールをバウンドさせずに打つショットが、ノーバウンドストローク。スイングボレーと呼ぶことも。ポイントは、前のめりになりやすいので、体の軸をまっすぐ保つことと、大きなスイングで力強く振りきること。チャンスになるので、慌てずにしっかりボールを見て、タイミングよくスイングしたい。動きをマスターすれば、得点力の向上に結びつく。

③ ラケット面で運ぶように ボールを前に押し出す

ボールを運ぶ
ような意識

④ 大きなスイングで振り抜く

✕ これはNG

打点が体から離れすぎてしまうと、頭の位置が下がって体の軸がブレてしまう。また、利き手とは逆の腕が下がったままだと、体を十分にひねることができない。どちらの場合も力強いボールを打てない。

✔ CHECK!

体が前のめりにならないように体の軸をまっすぐ保つことを意識する。ラケット面とボールが触れている時間を長くする。

✔ CHECK!

しっかり打てても決まるとは限らない。相手がフォローすることを想定して、すばやく元のポジションに戻って待球姿勢を作る。

正面ボレー

① ネット前で ラケットを立てて構える

② ラケットを立てたまま少し引き 右足を1歩前に出す

> ラケットを立てたまま
> 少し引く

✔ CHECK!

ネット近くでの待球姿勢は、ストローク時の待球姿勢より重心がやや高くなる。ラケットを立てて、左手でシャフトを支える。

✔ CHECK!

ネットからの距離は、ラケット2～3本分、ネットから1.5mほど離れて立つのが一般的。ラリーの展開次第ではこの限りではない。

✔ CHECK!

リラックスした構えから右足を出して重心移動する。

> **ねらい**
>
> ボレーとは、相手からきたボールをノーバウンドで打ち返すショットを指す。中でもネット前で構え、1歩で届く範囲のボールを体の正面で捉える正面ボレーは、ボレーの基本中の基本といえる技術。短距離、短時間でボールを返球することになるが、恐怖心を持たないことが重要。ボールをしっかり見るよう意識する。ここでは基本的なインパクトとラケットワークを解説する。

③ ラケット面を押し出すようにしてインパクト

> 右足の着地と同時にインパクト

④ ラケットは振らずに面を相手に向けたままにする

✕ これはNG

ラケットが横面になるのはNG。正面ボレーではラケットヘッドを上にした縦面で扱う。足を動かして、すばやくコースに入る。

✓ CHECK!

インパクト後はラケットを残すことでボールに距離を出せる。決して振ろうとせず、面を相手に向けたまま押し出す。

> **アドバイス！**
>
> 試合中は相手が打ち損じた場合以外では、前衛にボールをぶつけてボレーミスを誘うときに正面にボールがきます。ここで恐怖心を出してしまうと、そこから相手にねらわれやすくなります。ラケット面でしっかり押し出していきましょう。

menu 050

フォアボレー

① ボールが飛んでくる位置まで すばやく移動する

② 右足のひざを少し曲げ 体重を乗せてタメを作る

一瞬タメを作る

✔ CHECK!

相手が打つギリギリまで動かず、こちらが飛び出すねらいをできるだけ悟らせないようにする。

✔ CHECK!

テークバックは顔の近くで行い、大きくは引かない。顔から近いほうがボールをしっかり見ることができる。

✔ CHECK!

ボールへの移動は横方向ではなく、ネットに向かって斜め前につめていく。ネットから遠いと、ミスをする可能性も高くなる。

③ 重心を右足から左足に送りながらインパクト

左足を出して
重心を移動する

④ 打った方向にラケット面を向けておく

ラケット面は
動かさずキープ

✔ CHECK!

インパクトを迎えるまではグリップを緩めておき、ボールを十分に引きつける。

✔ CHECK!

インパクトはラケット面でボールを押し出し、大きくフォロースルー（打球後の動作）をとらずに面を残す。

アドバイス！

フォアボレーは相手にフォローされないようなオープンスペース（相手の届かない場所）をねらいます。主にクロス（コートの対角線上の斜め前）のボールに対し、自分の体より右側に打つ流しのコースと、右ストレートのボールに対し、自分の体より左側に打つ引っ張りのコースがあります。

バックボレー

① **タイミングを見計らって
すばやく移動する**

② **左足のひざを少し曲げ
テークバックは顔の近くで**

ひざを曲げて
体重をかける

☑ **CHECK!**

飛び出すタイミングは、相手と
駆け引きしながら判断する。1歩
目が早すぎると、空いたサイド
を抜かれるリスクが高まる。

☑ **CHECK!**

軸足である左足のひざを少し曲
げて体重を乗せる。これによって
タメを作り、インパクト時に力を
ボールに伝える。

☑ **CHECK!**

左肩を引いてテークバックを完了
させる。ネットに対して、上体を
直角にひねる。

③ 右足に重心を移しながらラケットの横面でインパクト

右足に体重を乗せる

④ ボールを押し出し、大きくフォロースルーをとらずに面を残す

ラケット面をボールの方向に残す

✔ CHECK!

ボールへの移動は横方向ではなく、ネットに向けて左斜め前につめる。ただし、近づきすぎてネットに触れないように注意する。

✔ CHECK!

ラケットを振らず、ボールを押し出すように面を残す。右方向に引っ張るときは、打点がさらに前になる。

アドバイス！

無理をして飛び出さずに自分のサイドをしっかり守るのも、果敢に飛び出して積極的にポイントに絡んでいくのも、どちらが正解ということはありません。どんな動きをすれば相手が嫌がり、自分たちが主導権を握れるかを考えてプレーしましょう。

ローボレー

① リラックスした体勢から重心を低くして構える

重心低く

② ボールがきた側に足を1歩踏み出す

ボールが右側に
きたら右足を出す

✓ CHECK!

サービスやレシーブ直後など、ネットにつめていくときは、相手がスイングに入ったらその場で止まり、待球姿勢を作る。

✓ CHECK!

打点へのアプローチは、シューズの底が相手に見えるように、つま先を上げてかかとからステップしていく。

✓ CHECK!

テークバックは脇を締めてコンパクトに。ラケットを大きく引くと、対応が遅れやすい。

> **ねらい**　ネットから離れた位置に立っていて、足元や体の正面をねらわれたとき、ノーバウンドで打ち返すのがローボレー。前衛がサービスやレシーブ後に前につめる場面、あるいは相手が打った短いボールを拾った後に起こりうる。ひざを柔らかく使って、ラケット面にボールを乗せ、後ろから前に運ぶようなイメージで打つ。コンパクトなスイングを意識しよう。

③ インパクトはラケット面に ボールを乗せるように前に運ぶ

ラケット面を
後ろから前に
押し出す

④ フォロースルーも振ろうとせず 面をそのまま残す

ラケット面を
ボールの方向に
残す

✔ CHECK!

打点が目に近いほうがボールをしっかり見ることができる。打点が低いほど、ひざを使って腰を落とす。

✕ これはNG

腕だけでとりにいこうとしない。しっかり足を動かしてコースに入り、重心を低くした体勢から打つ。

アドバイス！

バックのローボレーも体の使い方はフォアと同じです。ただし、フォアよりも力を入れづらいため、しっかり押し出す意識を持ちましょう。

スマッシュ

① 後ろ足に体重を乗せて テークバックを完了する

左手でボールとの
距離を測り
バランスをとる

後ろ足（右足）に
体重を乗せる

② 背中側から大きくスイングし 重心を前足に移していく

重心移動

✔ CHECK!

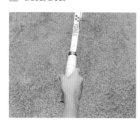

スマッシュでは、包丁を持つように、ラケット面を地面に対して90度にして上から握るイースタングリップに持ち替える。

✔ CHECK!

ネットに対して体を横向きにし、後ろに下がるときは足を交差させて移動するクロスステップで、いち早くボールの落下点に入る。

アドバイス！

どれほどスマッシュが得意な選手でも、すべてのロビングには対応できません。自分がどのあたりまでのロビングなら後方に追っていけるかをあらかじめ知っておき、相手が打った瞬間にそれを見極められるようにしておくことが大切です。

スマッシュとは、高さのあるボールに対し、頭上からラケットを振り下ろすようにしてノーバウンドで叩くショットのこと。すばやく落下点に入れば、力強くスピードのあるボールを打てる。コート深くに打たれたロビング（高い山なりの球）を返すときは、ジャンプして空中でインパクトするジャンピングスマッシュを使う。これは体のバランスを崩しやすく、難度が高い。

③ 頭より少し前の高い打点でインパクトする

頭よりも
高い位置で
インパクト

④ 体全体を使って振り抜く

体重は左足に
乗っている状態

✔ CHECK!

頭の真上というよりは少し前でボールを捉える。これによって相手コートに上から叩き込める。

✕ これはNG

落下点にうまく入れないと、無理な体勢で打たざるを得ず、ミスにつながる。体勢を崩さないためにも、いち早く落下点に入りたい。

基本の動作

非利き手の使い方

ねらい 左腕もしっかり動かして、ラケットの加速を促すようにする。初心者は、ラケットを持っていない側の腕を全く使えず、いわゆる「手打ち」の状態になりやすい。

1 打点方向に左腕を伸ばす

2 打ち終わったら左手が上がる

スイングとともにひじを折り畳みながら腕を曲げる

✕ これはNG

左腕を全く使えていない。

基礎トレーニング

タオルで素振り

人　数	1人
道　具	タオル
レベル	初級

ねらい ストロークでは腕をムチのようにしならせるのが望ましいが、初心者はそれがなかなかできない。その感覚を養うために、先端を結んだタオルを持って素振りを行う。

1 先端を結んだタオルを持ち振りかぶる

タオルは先端を結ぶ

2 先端の重みを感じながらスイングする

✔ CHECK!

長いタオルの一方の先端を結び、もう一方の側をグリップに見立てて握る。その状態で素振りを繰り返すことで、ラケットの先端がムチのようにしなる感覚を養う。

menu	基礎トレーニング		人 数	2人(1人は球出し)
056	# ホームラン		回 数	10球
			レベル	初~上級

> **ねらい** できるだけ遠くに飛ばすことが目的。距離を出すためには脱力、ヒッティングポイント（打点）、体の運動連鎖がポイントになるため、体の使い方を覚えられる。

① 手投げされたボールをよく見てテークバック

② 全身を使ってスイングし遠くに飛ばす

✔ CHECK!

力いっぱい打ち、「パコン」と抜けるようなよい音が出るようにする。初心者向けのメニューだが、中級者や上級者でもたまに行うとテニスの楽しさを再確認できる。

---

menu	基礎トレーニング		人 数	1人
057	# 脱力からのインパクト音		道 具	ラケット、バンダナ
			レベル	初級

> **ねらい** ラケットにバンダナをつけてスイングすることで、力を抜いたときに鋭い音が出ることを理解する。ラケットを持つ利き腕の力を適度に抜く。

① バンダナをラケットのヘッドに結ぶ

② 力を抜いてすばやくスイングする

「ビュッ」と音が出るように振る

✔ CHECK!

ラケットを振ったときにビュッと鋭い音を出すには、力を抜いてスイングするのがポイント。ある程度できるようになったらバンダナを外し、同じように振ってみる。

基礎トレーニング

バウンディングストローク

人　数	2人(1人は球出し)
回　数	10球
レベル	初級

ねらい　体を脱力させるメニュー。上半身はムチのようにしならせて、下半身は地面反力を使って強く踏み込む。自分の前でバウンドしたボールがネットを越えるようにする。

① 手投げされたボールを打ちにいく

② 目の前でバウンドさせてネットを越えさせる

✔ CHECK!

バウンドさせる位置がネットに近づくほど、バウンド後の高さが出せず、ネットを越えない。自分から2m以内の位置に弾ませるようにする。

基礎トレーニング

リズムヒッティング

人　数	2人(1人は球出し)
回　数	10球
レベル	初〜中級

ねらい　正面を向いて左右に足を払うリズムステップ（メニュー010）を行い、ボールがきたら体をすばやく横に向けてスイングに入る。スムーズに体を横向きにする動作を覚える。

① 正面を向いてリズムステップ

② ボールがきたら体を横向きにする

③ テークバックししっかり振り抜く

リズムステップ

基礎トレーニング

人　数	1人
回　数	5球
レベル	初級

menu 060 基礎トレーニング
グリップストローク

> **ねらい**　ハンド・アイ・コーディネーション（手と目を連動させる能力）を鍛えるのに適したトレーニング。ラケットの長さの感覚を学び、ボールと体の距離感を理解できる。

① 正面を向いて
ボールを地面に突く

3～4回

② タイミングを見て
体を横向きに

体を横に向けて
テークバックする

③ ボールを
まっすぐ飛ばす

グリップを正確に握る
こととスムーズに横向きに
なることを意識する

---

menu 061 基礎トレーニング
裏面バウンドからのストローク

人　数	1人
回　数	5球
レベル	初級

> **ねらい**　ラケットの裏面でボールを正確にコントロールすることと、スムーズに体を横向きにして軸足の前でボールを捉えるのがねらい。1人でできるので、空いた時間などにとり組める。

① 裏面でボールを
弾ませる

3～4回

② タイミングを見て
体を横向きに

③ ストロークで
まっすぐ飛ばす

基礎トレーニング

ケンケンストローク①

人 数	2人(1人は球出し)
回 数	5球
レベル	初〜中級

ねらい ストロークは常によい体勢で打てるとは限らない。右足（後ろ足）1本で立って打たざるを得ない ときは、スイングの過程で浮かせた前足を後ろから前に持っていく。

1 右足1本で立ち ラケットを引く

2 バランスを崩さずに スイングする

3 浮かせた足を 前に持ってくる

後ろ足1本は キープする

左足を 前方に 動かす

基礎トレーニング

ケンケンストローク②

人 数	2人(1人は球出し)
回 数	5球
レベル	初〜中級

ねらい 左足（前足）でケンケンしながら打つ。後ろ足の蹴りを身につけることによって、両足をついて 打つときにさらに威力のあるボールが打てる。

1 左足1本で立ち ラケットを引く

2 縮めた体を 伸ばすように振る

3 浮かせた足を 大きく後方に蹴る

ひざを 曲げる

menu 064 右打ちストローク バウンド

基礎トレーニング

人 数	2人(1人は球出し)
回 数	10球
レベル	初〜中級

ねらい バウンドしたボールを打ち、流す打ち方（右利きの右打ち）を強化するメニュー。ジュニアや中学生は流しコースが苦手な選手が多いので、この練習で克服をねらう。

① 両足を開き 上半身をひねる

上半身の
ひねりを
意識

② ねじり戻しを 生かして振る

上半身の
回転で
スイングする

③ 右方向に流して フィニッシュ

ボールは
クロス方向を
ねらう

menu 065 右打ちストローク ノーバウンド

基礎トレーニング

人 数	2人(1人は球出し)
道 具	10球
回 数	初〜中級

ねらい 手投げされたボールをノーバウンドで打ち、流す打ち方（右利きの右打ち）を強化するメニュー。オープンスタンスのまま、上体をひねってスイングに入る。

① 練習者の右ひざに 向けて球出しする

② ボールをよく見て しっかり引きつけて打つ

✔ CHECK!

ストロークの流しは、基本的にオープンスタンスで打つ。ボールが自分に近づけば近づくほど、前足（左足）をいつも以上に外に開くとボールを捉えやすい。

応用トレーニング

ショートストローク
フォア

人　数	2人(1人は球出し)
回　数	5球
レベル	中級

ねらい 相手のショートボールを前につめながら打つ場面を想定した練習。軸足を1歩前に踏み出し、両足を交差させた状態でテークバックを終えると、上体がひねられている。

1 軸足を
前に踏み出す

2 上体のねじり戻し
を生かしてスイング

3 フォロースルーで
左足を前に出す

上体をひねって
テークバック

体重は
左足に
乗せる

応用トレーニング

ショートストローク
バック

人　数	2人(1人は球出し)
回　数	5球
レベル	中級

ねらい メニュー066のバック編。前衛では必須のテクニック。軸足を踏み出し、ひねり戻しを利用するのはフォアと同じだが、打った後にそのまま前につめられる。

1 軸足を
前に踏み出す

2 後ろ足を前に
移しながら振る

3 前衛はこのまま
ネットにつめる

上体をひねって
テークバック

片足で打つ

ネット際へ

menu 068	応用トレーニング バックステップ& フロントステップ　フォア	人　数　2人(1人は球出し) 回　数　5球 レベル　中〜上級

ねらい　相手の深いボールをつまって打つと力が入らず、次のボールで攻撃されやすい。そこで自分から
バックステップで空間を作り、フロントステップ（前方向へのステップ）で踏み込んで打つ。

① 深いボールがきたら数歩後ろへ下がる

後方移動

② ボール位置が定まったらテークバック

空間ができる

③ 前に動きながらパワフルなスイング

前方移動しながらスイング

menu 069	応用トレーニング バックステップ& フロントステップ　バック	人　数　2人(1人は球出し) 回　数　5球 レベル　中〜上級

ねらい　躍動感を持って動く。バックステップ&フロントステップのフォアと同じで、定位置のボールをあえ
て後ろに下がり、前に移動して打つ。バックでも躍動感を出して強打ができるようにする。

① ボールの落下地点を見極める

後方移動

② 作った空間にボールを誘い込む

空間ができる

③ 重心を前へ移動しながらスイング

前方へ踏み込む

実戦形式

ショートラリー①
（前後ステップ）

人 数	2人
回 数	往復20回
レベル	初級

ねらい ネットを挟み、サービスコート内にバウンドさせて相手と打ち合うショートラリー。打った直後に前後のステップを加え、ボールを打たない時間を大切にする意識を養う。

① サービスコート内で
相手とラリーを行う

② 打ったらサービス
ライン内に入って下がる

✔ CHECK!

打ち終わった後、サービスラインの中に入って、すぐに下がる。このステップは後衛のフォロー練習として最適。とくにダブル後衛は前後ステップが重要なのでとり入れたい。

実戦形式

ショートラリー②
（サイドステップ）

人 数	2人
回 数	往復20回
レベル	初級

ねらい ショートラリー①と同様、打ち終わった後にリカバリーする動きを覚えるメニュー。打つまでの時間をいかに動くか、いかにリズムを作るかがポイントになる。

① ショートラリーで
打ち合う

② サイドステップを
入れる

③ 逆側にも動いて
待球姿勢を作る

細かい
動きを
意識する

menu
072

実戦形式
ショートラリー③
（クロスステップ）

人　数　2人
回　数　往復20回
レベル　初級

ねらい　ショートラリー②で入れたサイドステップをクロスステップに変える。より大きな動きになり、時間的余裕もなくなるため、すばやい足さばきと事前の準備が必要になる。

1 打ち終わったら
クロスステップ

2 逆側にもクロス
ステップを入れる

円を描く
ような動きを
意識する

3 すばやく
待球姿勢を作る

menu
073

実戦形式
ショートラリー④
（ショートバウンド）

人　数　2人
回　数　往復20回
レベル　中級

ねらい　最近はテニスの高速化が進み、ネット際の攻防が多くなっている。その対策とスキルアップの目的から、足を止めた状態で、定位置でショートラリーを行う。

1 足の位置を固定して
ラリーする

2 ライン際のボールは
バウンドしてすぐに打つ

ラインを引くと
わかりやすくなる

✔ **CHECK!**

サービスライン際でバウンドするボールは、バウンドしてすぐに打つショートバウンドで対応することになる。体を沈ませ、ボールをよく見て打つこと。あてるだけにならないようにしたい。

実戦形式

ショートラリー⑤
(リズムステップ)

人 数	2人
回 数	往復20回
レベル	初級

ねらい ショートラリー中、リズムステップ(メニュー010)を行ってから打ち、打った後にまたリズムステップを入れるという動きを繰り返す。バランスを保ちながら体をスムーズに横に向ける。

① 正面を向いて
リズムステップする

② スムーズに
体を横に向ける

③ 相手に打ち返す

頭の位置は
動かさない

実戦形式

ショートラリー⑥
(カットストローク)

人 数	2人
回 数	往復20回
レベル	中〜上級

ねらい カットストローク(メニュー100〜102)でショートラリーを行う。ネット際に沈められるようにフォアもバックもバランスよく行う。

① 腰を落としボール
を引きつける

② ボールを切るような
イメージでスイング

③ フォロースルーは
コンパクトに

腰を落とす

ボールの下部分を
こすり上げるように

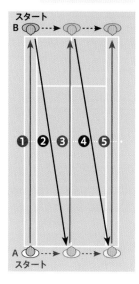

menu **076**	実戦形式

リカバリーラリー①

人 数	2人
回 数	できるだけ長く
レベル	中級

> **ねらい**　1対1のラリーを両者が動きながら行う。一方は常にストレートに打ち、相手は常に引っ張るか流して打つ。コントロールを重視する。

1　Aはストレート
Bはミドルとクロスのコーナーをねらって打つ

Aは❶を打ったら右へ。Bのミドルへの返球❷をストレートに返す❸。その間、Bは左方向に動き、Aからのボールをクロスに返す❹。

2　さらに続ける場合
Bは流しでミドル、次はコーナーをねらう

6本目を続ける場合はBがミドルへ流す。Aは左方向に動いて、ストレートに返す。その間、Bは右方向に動いて、逆クロスのコーナーに打つ。

menu **077**	実戦形式

リカバリーラリー②

人 数	2人
回 数	4〜5セット
レベル	中級

> **ねらい**　ストレートとクロスを打ち分ける。Bはまずはシングルスコート内で動く。できるようになったらアレーゾーンも入れて移動距離を伸ばす。

1　Aは定位置で左右に打ち分け
Bは左右に動いてAに返球する

Aはシングルスサイドラインをねらい、ストレートとクロスを交互に打ち分ける❶❸。Bは足を動かして、早めに打つポジションに入る。

2　Aの位置を左サイドから始めると
Bはストレートと逆クロスに打つ

Aの定位置を左サイドにすると、Bはストレートと、フォアなら逆クロスの流し、バックなら引っ張りで打ち分けることになる。

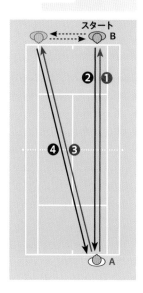

実戦形式

リカバリーラリー③

人 数	2人
回 数	2〜3セット
レベル	中級

ねらい 両者が動きながらラリーを行うが、相手が自分とは逆方向に動く。どのコースに打てばよいか混乱しやすいが、頭を使って冷静にコースを打ち分ける。

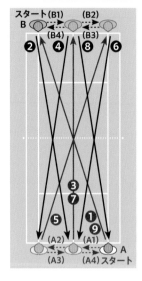

1 両者がクロスから始め ともに打ったらまず左方向に動く

Aはクロスに打った後❶、ミドルに移動(A1)。Bはミドルに返球して❷、ミドルに移動し(B1)、Aが打ってきたストレート❸を逆クロスに流す❹。

2 両者が逆クロスにきたら ストレートや引っ張りで続ける

❺で逆クロスに打ったAを再びミドルへ(A3)。相手がミドルを突いてきたボール❻をストレートに返球する❼。次にBは引っ張ってクロスを突き❽、Aはクロスに返す❾。

実戦形式

リカバリーラリー④

人 数	2人
回 数	2〜3セット
レベル	中級

ねらい Aはミドルの定位置で、Bは両シングルスサイドライン間を左右に動きながらラリーを行う。バックハンドでも積極的に打ち、正確なコントロール力を身につけたい。

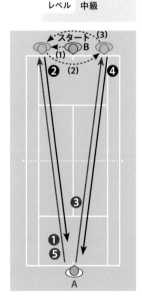

1 Aはバックで打ってもフォアで打っても OK

Aは❶をバックで打っても回り込んでフォアで打っても構わない。このメニューではシングルスコートの両コーナーをねらい、Bの足を動かす。

2 Bは打ったらすぐに逆サイドに向けて走る

センターマークから右サイドへ移動し(1)、❷を打ったら左サイドへ走り❹を返す。左サイドのボール❹はバックで処理すると、回り込むより短い距離で済む。

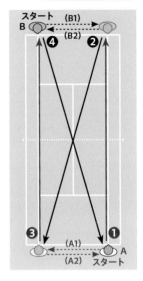

menu
080

実戦形式

リカバリーラリー⑤

人　数　2人
回　数　2〜4セット
レベル　中級

ねらい　リカバリーラリー①のように1対1のラリーを両者が動きながら行うが、ミドルのコースは省く。シングルスコートの両コーナーを互いに行き来して打ち合う。

1　シングルスサイドライン間を往復しながら打つ

Aがストレートに出したボール❶を、Bが逆サイドまで追って対応する❷。バックで打っても回り込んでフォアで打っても構わない。

2　ある程度本数をこなしたらAとBを入れ替えて行う

常にAがストレートに、Bがクロスと逆クロスに打つことになるため、AとBを入れ替えてどちらかに偏らないようにする。

---

menu
081

実戦形式

リカバリーラリー⑥

人　数　4人
回　数　2〜4セット
レベル　中級

ねらい　2対2のラリーで、打ったら逆サイドに動く。同じようにパートナーも逆サイドに動き、すばやい移動を繰り返すことでスタミナ強化をねらう。

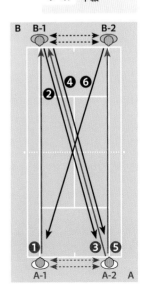

1　自分かパートナーが打ったら逆サイドへ移動する

A-1は❶を打ったら逆サイドへ動く。同じくA-2も逆サイドへ。B-1は❷を打ち逆サイド、同じくB-2も逆サイドへ動く。

2　常に全員が移動を続ける

A-1は❸を打ちA-1とA-2は逆サイドへそれぞれ動く。逆サイドへ移動してきたB-2が❹を対応し、B-1とB-2ともに逆サイドへそれぞれ動く。移動してきたA-2が❺を打ち、さらに移動したB-2が❻を打つ。

menu **082**	実戦形式

ボレー vs ラリー①

人 数	2人
回 数	できるだけ長く
レベル	初級

> **ねらい** 1対1でショートのストロークと正面ボレーのラリーを行う。サイドステップで細かく動き、相手がとりやすいボールを打ってできるだけ長くラリーを続ける。

1 A はショートラリーの要領で相手の正面に返球する

短いストロークだが、あてるだけにならないようにする。コンパクトなスイングながらも、きちんとラケットを振る。

2 B はできるだけ自分の正面でボールを捉える

足を細かく動かし、1球ごとにボールの正面に入る。腕を伸ばして手だけでとりにいこうとしない。相手がとりやすいボールをボレーで返す。

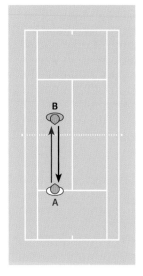

---

menu **083**	実戦形式

ボレー vs ラリー②

人 数	2人
回 数	できるだけ長く
レベル	初級

> **ねらい** 1対1でストロークとボレーのラリーを続ける。打つたびに反復横跳びをするようにサイドステップを入れ、逆を突かれた際に対応できるリカバリーの練習をする。

1 A はストロークを打った後に横に動くステップを入れる

ストロークも決めにはいかず、相手が対応しやすいコースに適度なスピードで打つ。打ったらサイドステップを1～2歩入れる。

2 B はボレーの後にサイドステップを入れる

ボレーは決めにいく強打ではなく、相手が打ちやすいボールを意識する。打ったら反復横跳びのようなサイドステップを1～2歩入れる。

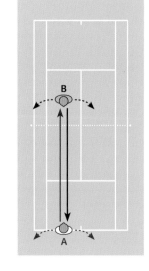

menu
084

実戦形式

ボレー vs ラリー③

人数 2人
回数 2〜4セット
レベル 中級

ねらい
1対1でストロークとローボレーのラリーを続ける。お互いに2球ずつ打ったら、1人は前につめ、もう1人は後ろに下がる。ボレーとストロークの入れ替えを強化する。

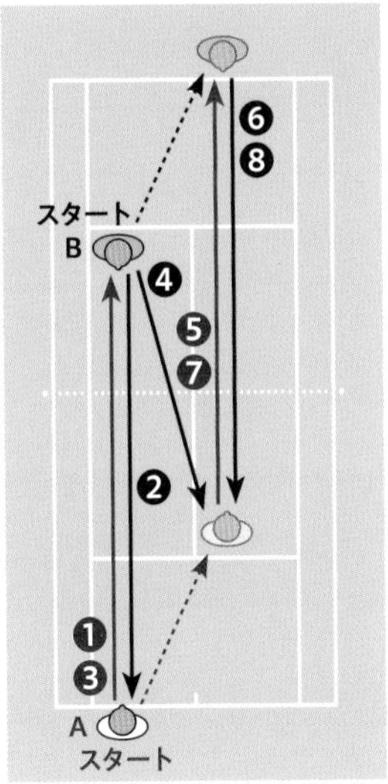

1 1人はストローク もう1人はローボレーでラリー

Aはベースラインの外でストローク、Bはサービスライン付近でローボレー。Aは2本目❸を打ったら前につめ、Bは2本目❹を打ったらベースラインまで下がる。

2 2往復したらストロークとボレーを入れ替える

❽を打ったらストロークとボレーを入れ替える。Aがサービスライン付近でローボレー、Bがベースラインの外でストローク。それぞれをバックでも安定してできるようにする。

menu
085

実戦形式

ボレー vs ラリー④

人数 2人
回数 できるだけ長く
レベル 中級

ねらい
1対1のストロークとローボレーのラリーだが、ストロークを打つ側（A）はベースラインの中に入る。互いに相手が対応しづらい厳しいボールを打つことを目的とする。

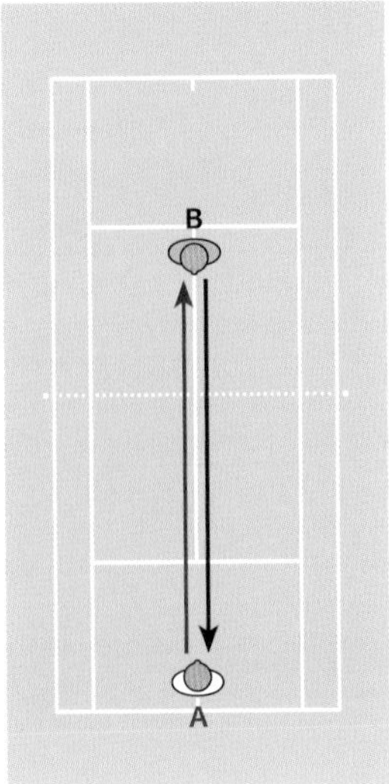

1 テンポを速めたり遅くしたりして 低い弾道で相手の足元をねらう

ストロークを打つＡはベースラインより後ろに下がらず、テンポを工夫しながらＢがボレーしづらい低い弾道の打球を意識する。

2 落ち着いて足元のボールを処理し 深いボールを返す

ボレーを打つＢは、足元を突かれて打ちにくくても、ひざを曲げて重心を低くし、相手が強打を打ちにくい深いボールを返す。

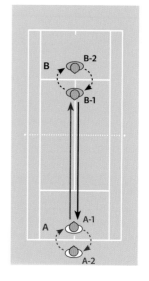

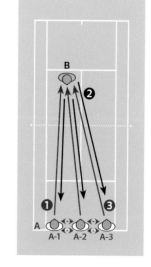

menu **086**	実戦形式

ボレー vs ラリー⑤

人　数	4人
回　数	できるだけ長く
レベル	上級

ねらい 2対2でストロークとボレーのラリーを行う。それぞれのペアは1球ずつ交互に打つ。常に動いておかないと邪魔になり、ラリーが続かない。すばやいステップの練習になる。

1 A側は2人が交互にストロークを打ち続ける

A-1 がストロークを打ったら A-2 と位置を入れ替わり、B側も B-1 がボレーを打ったら B-2 と位置を入れ替える。

2 B側は2人が交互にボレーを打ち続ける

A-2 がストロークを打ったら再び A-1 と入れ替わり、B側も B-2 がボレーを打ったら B-1 と入れ替わる。

---

menu **087**	実戦形式

ボレー vs ラリー⑥

人　数	4人
回　数	できるだけ長く
レベル	上級

ねらい ストロークを打つ3人に対し、1人がボレーでラリーを行う。ボールを打つ人はもちろん、打たない人もオフ・ザ・ボール（ボールに関わらない）の時間を大切にする。

1 A側は打った人とその隣の人が場所を入れ替わる

❶を打ったら、打った人（A-1）とその隣の人（A-2）が場所を入れ替わる。B は次にどこへ返してもよいが、たとえば❷に返したとすると、A-3 は❸を打ったら、先ほど真ん中に移動した A-1と場所を入れ替わる。真ん中にいる人がボールを打った場合は、打ち終わった後に重心が左側にあれば左隣の人と、重心が右側にあれば右隣の人と入れ替わる。

2 Bは3人が打つボールをボレーで返し続ける

立つ位置は左右どちらかのサイドで。ボレーは相手コートのどこに打っても構わない。相手のアウトボールはしっかり見極める。

第 **3** 章
発展の打ち方の練習

第2章で学んだ打ち方の発展形です。試合の中で臨機応変に使えるように、
基本を忠実に守りながら反復練習しましょう。球出し練習だけでなく、
第5章で解説する試合形式の練習の中でも使うようにすると応用力がつきます。

バックジャンプショット

1 ラケットを引きながら重心を低くする

重心
低く

2 スイングを開始し体重を後ろ足（左足）に移していく

重心移動

✔ CHECK!

通常のバックハンドストロークは軸足が左足になるが、ここでは右足の位置を先に決めてからラケットを引く。

✔ CHECK!

ボールをよく見て、引きつけながら重心を下げていく。視界の端で相手の動きや陣形も把握しておく。

アドバイス！

試合では、常に自分の理想的な体勢で打てるわけではありません。相手に攻められても落ち着いて対応しましょう。そのためにも、あらゆる場面を想定しながら、日ごろの練習にとり組みましょう。

③ **ボールを引きつけ
重心を上げながらインパクト**

④ **股関節を外側に回す動きを
利用しボールを強く飛ばす**

重心上げる

✔ CHECK!

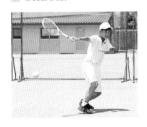

下げた重心を一気に上げる動きをスイングに使ってボールを飛ばす。強くインパクトすることを意識したい。

✔ CHECK!

横を向いていた前足（右足）は、インパクト後は打球方向を向く。この股関節の回転を利用して、ボールにエネルギーを伝える。

🚩 **指導者MEMO** ✏

大前提として、しっかり足を動かして落下地点に入り、後ろ足から前足への体重移動でボールを打つという基本の動作をマスターさせます。それでも試合になれば、基本のとおりにはいかない場合もあります。そんなときにはバックジャンプショットを使うよう指導しましょう。

menu 089 スピンムーブショット

1 重心を下げて 足裏全体で地面を踏む

2 ひねった上体を戻す勢いで スイングする

重心下げる

✔ CHECK!

相手のボールが速く深いときは、前足を踏み込んで打つのが難しい。しかし、簡単にロビングなどに逃げたりしない。

✔ CHECK!

股関節、ひざ関節、足関節を意識して、重心を低くし、足裏全体で地面を強く踏む。

✔ CHECK!

速球を返すときは体が後ろに傾き、あごが上がってしまいやすい。あごを引いて顔を残すと、ボールの勢いに負けずに打ち返せる。

> ねらい
>
> スピンムーブショットは、相手の球のスピードを利用し、バランスを崩した相手を攻撃するカウンターショットのひとつで、踏み込んでボールを打つ余裕がないときに使う。動き方は卓球選手のスイングのイメージで、インパクトの瞬間、両足が地面から離れる。足の力は手の力の3倍ともいわれている。この足の力と体の回転が大きなパワーを生み、強力なショットにつながる。

③ インパクトの瞬間は両足が地面から離れる

④ 着地してフォロースルー

✔ CHECK!

インパクトの瞬間は左右の両足が地面から離れる。卓球選手がカウンターショットを放つときの動きに似ている。

✔ CHECK!

踏ん張った足の力と体の回転が大きなパワーを生むことを意識する。

> アドバイス!
>
> この打法は手投げの球出しから始めましょう。フォームさえ身につけば、比較的早く習得できます。しかし、実戦で強打を打たれると気持ちが引いて、ロビングに逃げてしまいがちです。試合では練習したことに挑戦する意識を持ち続けましょう。

ウォーキングショット

1 ラケットを引きながら
上体をひねり打点に入っていく

2 スイング開始とともに
軸足を固める

軸足は
右足

アドバイス！

ウォーキングショットは風が強い条件下で、相手が高い軌道でコートの後方へ打ってくるロビングや、緩いボールでつないできたときなどに使えるショットです。不安定な体勢をチャンスに変えましょう。

✓ CHECK!

打点に入るときは細かいステップで。ボールをよく見て打点がどこにくるかを見極める。

✓ CHECK!

下半身はボールに向いているが、テークバックとともに上半身は後ろにひねる。全身が力まないように注意する。

歩くようにポジションに入り、軸足1本で体の回転を生かして打つのがウォーキングショット。強風時はボールがバウンドした後にボールのズレが起こりやすい。このウォーキングショットはパワフルな打球にはしにくいものの、最後までフットワークの修正ができるため、強風時でもミスが起こりにくくなる。

③ ひねった上体を戻してインパクトを迎える

④ しっかりと振り抜いてボールを飛ばす

✔ CHECK!

後ろ足（右足）を軸に、スイングしながら前足（左足）を打球方向に向けていく。股関節の回転が腕に伝わるように意識する。

✔ CHECK!

風などでバウンド後にボールがズレても、ステップでフットワークを修正してボールを捉える。

✔ CHECK!

動きながらリズムを作ることで自然と力を抜いて打つことができる。緊張した場面でもとり入れたい。

menu 091
ペンギンショット

① 腰を落としてテークバックは
ラケットを大きく振り上げる

② 軸足（右足）から左足に
重心移動しながらスイング

腰落とす

重心移動

▶ 指導者MEMO 🖊

このペンギンショットや次の歌舞伎ショットなどは、もちろんソフトテニスのショット名の正式名称ではありません。こうした動きから連想しやすい名前をつけたのは、子どもたちが覚えやすくするためです。これにより、指導者としても、子どもたちに指示を出しやすくなりました。

✔ CHECK!

深いボールを下がって受けると攻め込まれやすい。なるべく下がらず、ベースライン際でライジング（メニュー045）気味に捉える。

✔ CHECK!

頭を動かさずに、あごを引き、相手の深いボールに負けないように体のバランスを保つ。コンパクトなスイングを意識する。

ねらい

ペンギンショットは、相手が深いボールを打ってきたときに、ペンギンのように重心を低くして強く打ち返すストローク。攻められているときは、ラケットをコンパクトに振り抜き、インパクト後の動作であるフォロースルーも小さくしてミスをしにくくする。相手の攻めに対して、すぐに受け身になって守るのではなく、できるだけ攻めて逆襲に転じ、ラリーの主導権を奪い返したい。

③ ラケットのヘッドを低くしてインパクトを迎える

④ 重心を低くしたままでフィニッシュ

✔ CHECK!

ラケットのヘッドをコンパクトに振り抜き、なるべく速くフォロースルーを行う。

✔ CHECK!

写真ではフォロースルーを左肩あたりに巻きつけているが、腰あたりに巻きつけるイメージでもOK。

✔ CHECK!

相手がさらに攻めてくることを想定し、早めに体勢を立て直して、待球姿勢を作っておく。

menu
092

歌舞伎ショット

① **ラケットを立てて構えて
右足を大きく前に運ぶ**

② **軸足（右足）1本で立ち
タメを作る**

✔ CHECK!

あまく高いバウンドのボールが
きたときは歌舞伎ショットのチャン
ス。距離感を見誤らないよう、
打つポジションに入っていく。

✔ CHECK!

歌舞伎役者のようなイメージで跳
ねる。この動きによって得られる
地面からのはね返りの力が、パ
ワフルな打球の原動力になる。

✔ CHECK!

右足で着地する。このとき、上
体がブレてバランスが崩れると鋭
いスイングにはならない。

ワンバウンドしたボールを高い打点で押し出すように打つトップ打ち（メニュー044）の発展編。打つ前に歌舞伎役者のような跳躍の動きを入れることで、地面からはね返る力（地面反力）を得られ、通常のトップ打ち以上に攻撃的で深く速いボールが打てる。また、インパクトのギリギリまでフットワークを求められるので、風が強く吹いているときはあまりおすすめできない。

③ 左足を大きく踏み出し その足に重心移動していく

重心移動

④ 胸から肩の高さで インパクトを迎える

胸〜肩の高さ

アドバイス！

地面反力とは、跳んだり地面を蹴ったときに得られる、地面からはね返ってくる反作用の力のことです。力強いストロークにはこの地面反力が欠かせません。

✔ CHECK!

ラケットは地面と平行にダイナミックに振り抜く。上から下に振り下ろそうとしないこと。

✔ CHECK!

打ち終わった後、その勢いのまま右足を前に蹴り出してもOK。できるだけ深いボールで攻め込みたい。

逆足ショット

1 ボールの落下点をすばやく見極めて距離をつめる

2 軸足（右足）に体重を乗せてラケットを後ろに振り上げる

体重を乗せる

✕ これはNG

上半身を前傾しすぎるのはNG。このままでもボールを返すことはできるが、次の展開にスムーズに移れない。

✔ CHECK!

スタンスが広がったことでバランスを保つのが難しいが、しっかり踏ん張って上体がブレないようにする。

✔ CHECK!

右足を前に出して踏み込み、足裏を滑らせるようなイメージでひざを伸ばしていく。下半身を柔らかく使う。

相手が浅めに打ってくるショートボールを、前につめて打つときに有効なのが逆足ショット。リカバリーも速くなり、すぐに次のプレーに移れる。通常のストロークと異なり、利き腕側の足を前に踏み出してスイングする。前に出ていくとインパクト時に体勢を崩しやすいが、右利きの人は右足を出すことでバランスが保たれ、体勢の崩れを抑えられる。

ねらい

③ 左足で地面を蹴りながらラケットを振り下ろすようにスイング

④ フォロースルーで跳ねるようにして上体を起こす

上体
起こす

✔ **CHECK!**

コンパクトな振りでまずはミスなく返球すること。上半身はしっかりひねって、そのひねり戻しでボールを飛ばす。

✔ **CHECK!**

ラケットを振り抜いたその流れから、跳ね起きるようなイメージで上体を起こし、次のプレーの準備に入る。

アドバイス！

相手からの低くて速いショートボールは的確に打ち返すのが難しいものです。打ち返した後、体勢のバランスを崩すと反撃の隙を作ってしまいます。バランスを崩さず、そこからネットにつめるか、後ろに下がるか、すばやく判断しましょう。

片足軸バックハンド

① 前足（右足）を軸足として テークバックに入る

軸足

② 前足に重心を残したままで スイングを行う

✔ CHECK!

相手に押し込まれて時間を奪われた場面では、右足を軸足にする。

アドバイス！

相手に深いストロークを打たれ、それに対応しようとコートの後ろへ下がってしまうのが「押し込まれた」状態。片足軸バックハンドは、慣れておけば、そういった苦しい状況を打開できる可能性のあるショットになります。

✔ CHECK!

下半身の体重移動を使えない分、上体をできるだけ鋭く回転させる。左腕も使ってバランスをとる。

ねらい
片足軸バックハンドは、相手に押し込まれて時間を奪われた局面で打つことが多いショット。通常のバックハンドは、後ろ足から前足に体重移動をしながら踏み込んで打つ。しかし、時間的な余裕がなく踏み込めない場合には、前足だけを使った片足軸でスイングを行う。前足に重心を残したまま、ひざのバネをエネルギーとして蓄え、インパクト直後にジャンプする。

③ 軸足のひざを
伸ばしながらインパクト

④ 両足が地面から離れ
全身で大の字を作るイメージ

✔ CHECK!

できるだけ前の打点でボールを捉えるのは、通常のバックハンドストロークと同じ。振り遅れないようにする。

✔ CHECK!

全身を大きく伸ばすようにしてフィニッシュ。大きな動きが苦しいラリーの打開につながる。

✔ CHECK!

インパクトした後、フォロースルーの流れでジャンプして正面を向くことで相手の勢いに負けないショットになる。

スピンロブ

(1) **ひざを曲げて重心を下げ
軸足（右足）にタメを作る**

ひざを
曲げる

(2) **体重を前足に移しながら
ラケットを振り上げる**

体重移動

✔ CHECK!

次にロビングを打つと相手に悟
らせないように、他のストローク
と同じようにテークバックを行う。

✔ CHECK!

体を沈めることでパワーを溜め
る。下半身の伸び上がる力を使っ
て、ボールを遠くに飛ばす。

アドバイス！

スピンロブは相手前衛の
頭上のギリギリを通したい
ショットです。相手との距
離を近づけて速いリズムで
打てば、さらに相手の場所
と時間を奪うことができま
す。強打だけではない攻撃
的なショットも身につけま
しょう。

③ ラケット面にボールを乗せて ドライブの回転をかける

下から上に
回転をかける

④ 右足を蹴り上げることで 安定感を出す

✔ **CHECK!**

ボールとラケット面の接触時間やあたる角度、ラケットを振り抜く速さで、ロビングの高さやスピード、回転度合いが決まる。

✔ **CHECK!**

インパクト後に後ろ足のひざ下で蹴り上げると、ラケットのヘッドスピードを加速でき、ショットの安定感が増す。

✔ **CHECK!**

バックハンドでも同じように打てる技術を身につけたい。バックで打つときはインパクト後に軸足を蹴り上げなくてよい。

回り込みショット①

1 右足を左足に寄せ 自分から見て左方向に移動する

サイド
ステップで
移動

2 左足を大きく左側に踏み込み 体を横向きにしていく

左足を
踏み込む

✔ CHECK!

相手の打球が利き手とは逆側に飛んできたら、バックで打つか、回り込むかを瞬時に判断し、すばやく1歩目を踏み出す。

✔ CHECK!

サイドステップは左右の足が交差しない。短い距離の移動や細かいステップを刻みたいときに適している。

✕ これはNG

最初から体を横に向けて、後ずさりするように移動するのはNG。それではすばやい移動ができない。

ねらい

利き手と逆側に飛んできたボールをストロークで返球するには、バックハンドで打つか、回り込んでフォアハンドで打つかの2つの選択肢がある。ここでは後者を習得する。回り込みショットには主に3つの打ち方があり、1つ目はサイドステップで移動する方法だ。テークバックがしやすく、バウンドに合わなかったときに対応しやすいメリットがある。ただし、あまり攻撃的ではない。

③ 左足に右足を寄せ 軸足として固める

軸足は右足

④ 右足にタメを作って テークバックを完了させる

ひざを曲げタメを作る

✔ CHECK!

細かなステップで打つ体勢に入るので、バウンドに合わなかった場合でも対応しやすい。テークバックも比較的スムーズにできる。

✔ CHECK!

早めに打つポジションに入ることができれば、次のプレーの選択肢も増える。ラリーが途切れるまで、常に次の準備を怠らない。

アドバイス！

シングルスでは絶対的にバックハンドの優劣が試合の明暗を分けます。回り込んで打つか、バックで打つか、どちらが正しいということはありません。一般的にはフォアのほうが強いボールを打てますが、リカバリーを考えるとバックのほうが適しています。

回り込みショット②

1 右足を大きく左側に踏み込み 両足を交差させる

2 左足を左側に踏み込み 体の向きを横に変えていく

✔ **CHECK!**

打つポジションまでの距離が遠いほど、いち早く動き出し、すばやく回り込む必要がある。躊躇や判断の遅れは禁物。

✔ **CHECK!**

クロスオーバーステップは右足を左足の前に交差し、左側に踏み込む。1歩目を大きくすると、移動距離を稼げる。

✔ **CHECK!**

ステップしながら体の向きを横向きに変えていく。左手をラケットに近づけることで、体にひねりを生みやすくなる。

ねらい

3つある回り込みショットのうちの2つ目。左右の足を交差させるクロスオーバーステップ（メニュー 007）で移動してストローク動作に入る。移動距離があり、サイドステップでは間に合わないときなどに使う。ただ、打つポジションの手前までは走って向かい、最後の3歩をクロスオーバーステップでで合わせてテークバックを終える。コンパクトに回り込むよう意識する。

③ 右足の位置を固め それを軸足としてタメを作る

④ 上体を十分にひねり テークバックを終える

☑ **CHECK!**

軸足となる右足をしっかり固めることで、体の軸がブレない安定した体勢を作れる。足をすばやく動かす意識を持とう。

☑ **CHECK!**

回り込んでからも強打を打てるようになると、相手も単純にバック側をねらってこなくなり、ラリーで主導権を握りやすくなる。

アドバイス！

回り込みは弧を描くように打つポジションに入るのが有効です。それによって打点の修正が可能で、飛んでくるボールに対しても後ろから前に重心移動をしながら打てるからです。直線的に移動すると、余裕を持ったスイングが難しくなります。

menu 098

回り込みショット③

1 ボールを見つつクロスオーバー
ステップで打つポジションに向かう

2 左足を踏み出すとき
右足のバネを生かして跳ぶ

右足で
ジャンプ

☑ **CHECK!**

クロスオーバーステップの1歩目
は大きめに。移動距離を稼げる
上、足の運びが安定する。

☑ **CHECK!**

右足1本で立った瞬間、そこか
ら跳ぶためのタメを作る。左足
はひざを軽く折りたたむ。

アドバイス！

フォアハンドでもボレーでも
なんでも、テニスでは打つ
前の間が必要です。これを
「タメ」と呼びます。

ねらい

3つ目の回り込みショットは、クロスオーバーステップ（メニュー007）を行う中でジャンプ動作を入れる。これによって重心移動を大きくし、より強く踏み込むことができる。動き全体に躍動感があり、リズムが生まれるため、ストロークにも勢いが出る。ステップや重心移動など体の使い方が理解しやすいので、小学生や女子選手にもぜひトライしてほしい。

③ 左足で着地し
勢いを保ったまま右足も着地する

④ 右足の位置を固め
それを軸足としてタメを作る

✔ CHECK!

弧を描くように体の向きを変えながらジャンプする。躍動感のある動きが力強いストロークにつながる。

✔ CHECK!

動きが大きくなってもボールから目を離さない。左腕をうまく使って上体のバランスが崩れないようにする。

✔ CHECK!

重心移動を大きくして左足をより強く踏み込み、下半身からのパワーをボールに伝える。

モーグルステップストローク

① 右に動かされたらボールを追いながら軸足（右足）を決める

② 右足1本で体を支えながらインパクトする

✔ CHECK!

左右に振られて体重を後ろ足から前足に移しながらスイングできないときは、軸足1本で体の回転を利用して打つ。

✔ CHECK!

体重移動ができない分、体の回転を使ってボールを飛ばす。移動してきた勢いで上体がブレないようにする。

✔ CHECK!

左足が浮いているときに右足も浮かせる。インパクトしながら空中で左足に体重を移していく意識を持つ。

ラリーで相手が優位な状況にあり、こちらが左右に動かされている場面では、いかに体勢を崩さずに我慢できるかが重要になる。そこで生きてくるのが、打った後にスキーのモーグル選手のように動くモーグルステップ。右に移動して打ったら、体をあえて右方向に流す。左に移動して打ったら体を左方向に流す。力を流すことによってバランスを保ち、次のリカバリーにつなげる。

③ ラケットを振り抜きつつ 体を右方向に流す

④ 左足→右足の順で着地し 踏ん張って体勢を立て直す

✔ CHECK!

右足を伸ばして踏ん張ることでブレーキがかかる。両足のつま先を左方向に向けると、次のリカバリーがしやすい。

今回の練習メニューは右方向に動かされたパターン。逆に左方向に動かされたときは、インパクト後に左足を左側に伸ばしてグッと踏ん張る。

menu
100

守備的バックカットストローク

1 腰を落としながら上体をひねって
ラケットを引く

2 スイングはラケットを
上から下に振り下ろす

✔ CHECK!

バック側に厳しく攻められた場面を想定しているので、打つポジションへの移動はすばやく。軸足となる左足をいち早く固める。

✔ CHECK!

構えの時点でインパクトの形を作っておくと、インパクト時に余計な動作をしなくて済み、安定する。

✔ CHECK!

最後の1歩はできるだけ滑らずに、かかとから大きく踏み込む。このブレーキ動作によって上体を起こし、バランスを保つ。

カットストロークはスライスとも呼ばれ、ボールに逆回転（バックスピン）をかける。ボールは速度が落ちるものの、バウンドが低くなりとりにくくなる。通常のストロークより滞空時間が長くなるため、自分たちの体勢を立て直す時間も作れる。ライバルに差をつけるためには身につけたい技術のひとつだ。

ねらい

③ 面を斜め上に向け ボールの下をこするように打つ

④ フォロースルーでは 両腕を背中方向に伸ばす

☑ CHECK!

最後の踏み込みでスタンスを広くとると、目線の上下移動が少なくなり、ボールをスムーズに返球できる。

☑ CHECK!

バックハンドのカットストロークは、肩甲骨を狭めるようにして打つ。するとインパクトの後には両腕が自然と後ろに伸びる。

アドバイス！

バックカットストロークは攻撃的なショットにもなります（メニュー102）。バックスピンがしっかりかかったボールは相手からすれば対応しづらいものです。ラリーのリズムを変えたいときに使って、相手の意表を突くのも効果的です。

menu
101

攻撃的カットストローク　フォア

> **ねらい** ストロークに逆回転のバックスピンをかけるのがカットストローク。長い飛距離で深いボールにすると、相手をベースライン近くに下げられ、ラリーのリズムを変える攻撃的なショットになる。

1 通常のストロークのような テークバックをとる

✔ **CHECK!** カットストロークを打とうとしていることをできるだけ相手に悟らせない。

2 打つ直前にラケットヘッドを 下げスイングは小さめに

✔ **CHECK!** ラケット面をやや上向きにして、上から振り下ろすイメージ。

3 ボールの斜め下をこするように インパクトする

✔ **CHECK!** ボールを打つというより、できるだけ打点を前にして運ぶイメージ。

4 大きくフォロースルーをして ボールを前に押し出す

✔ **CHECK!** ラケットでボールを運ぶ時間が長いほど、距離が出て深いボールになる。

技術解説（ストローク）

攻撃的カットストローク　バック

ねらい バックでも、深いボールで相手をベースライン近くにくぎづけにするカットストロークを身につける。守備的バックカットストローク（メニュー100）よりはやや前の打点でインパクトする。

① できるだけ相手にカットストロークを打つと悟らせない

✔ **CHECK!** 軸足（左足）を固め、通常のストロークと同じテークバックを行う。

② 重心を低くしてラケットを振り上げる

重心下げる

✔ **CHECK!** 前足はかかとから踏み込む。この動作によって上体が起きる。

③ 面を斜め上に向けてボールの下をこするようにして押し出す

✔ **CHECK!** ボールにバックスピンがかかり、相手はバウンド後に対応しづらくなる。

④ フォロースルーを大きくとりすぐに次のプレーの準備に

✔ **CHECK!** このショットだけで点をとるのは難しいので、すぐに待球姿勢を作る。

技術解説（ストローク）

オープンスタンスバックハンド
カウンターショット①

> **ねらい** バックハンドストロークをオープンスタンス（P.19 参照）からカウンターで放つ。上半身をひねり、スイングのときに左腕を右腕と同時に一緒に投げ出す。

1 サイドステップで
軸足の位置を決める

2 上体のひねりを
利用してスイング

3 左腕が右腕に
ついていく

ラケットヘッドを
加速させる

技術解説（ストローク）

オープンスタンスバックハンド
カウンターショット②

> **ねらい** スイング時に左腕を後方に持っていくことによって体の勢いを落とす。この動きでもラケットのヘッドは加速する。

1 オープンスタンスで
構える

2 両腕の中に頭を
入れてスイング

3 左腕を伸ばして
手を後方に

両足間を
広げて

menu
105

技術解説（ストローク）

弾道が低いショット

> **ねらい** 前衛のネットプレーヤーは腰より低い打点では強打が難しくなる。相手前衛のいるコースに打つストロークは、できるだけ低い弾道になるように意識する。

相手前衛がいるコースはネットの白帯をねらう

✕これはNG

高い弾道は相手に上から叩かれやすい。

✔ CHECK!
ネットプレーヤーは普通、打点が低ければ低いほど処理をしにくい。ネットの白帯をねらって相手の足元を突き、ローボレーを打たせたい。

---

menu
106

技術解説（ストローク）

ロブカウンター

> **ねらい** ラリー中にロビングを打って相手の強打を誘い、その強打をカウンターで打ち返す。相手のパワーを効率的に自分のパワーに変えて、逆襲に転じるチャンスを作る。

1 ロビングで相手の強打を誘い込む

あえて相手に強打させる

2 力強くカウンターで打ち返す

強打に対し強打で応じる

✔ CHECK!
正しいバランスなら動きを節約できるため、最小限の労力で最大限のパワーを生み出せる。相手の頭の位置を見れば、よいショットが打てるかどうかが瞬時にわかる。

技術解説（ストローク）

ノンフォロースルーショット　フォア

ねらい　フォロースルーをしっかりとる時間がない中、低い弾道のストロークを打ちたい。そんなときに使いたいのがノンフォロースルーショット。シングルスで勝つには必須のスキル。

1 腰を下げ下半身の土台を作る

2 ワイパーのように下から振る

3 ラケットを腰に巻きつける

腰を下げる

技術解説（ストローク）

ノンフォロースルーショット　バック

ねらい　バック側にきた相手の強打も、通常のフォロースルーをとるとミスが起きそうな場面では、ラケットワークのみでボールを飛ばす。前腕部のねじりがポイント。

1 相手の強打を冷静に見極める

2 フォロースルーせず腕の力で打つ

3 ラケットを上方向に回す

ラケットはグリップを起点に左から右に回る動きになる

技術解説（スマッシュ）

ジャンピングスマッシュ

> **ねらい** 相手の深いロビングは、ジャンプして打つジャンピングスマッシュで攻略する。空中でインパクトするため力を入れにくいが、体のバランスを保って強く振り抜きたい。

1 テークバックをしながら落下点に入る

✔ CHECK! ラケットは顔の前を通して最短距離で立てる。左腕を真上に伸ばす。

2 軸足（右足）で真上に跳び上がる

✔ CHECK! 左足を軽く折りたたむ。上体が後ろに反りすぎないように注意する。

3 背中側から大きくスイングし高い打点でボールを捉える

上体をひねる

✔ CHECK! インパクトの瞬間、横から見たときに体が「く」の字になっているのが理想。

4 体全体を使ってラケットを振り抜く

✔ CHECK! ジャンピングスマッシュが決まると、相手は簡単にロビングで逃げられない。

入れ替えスマッシュ

> ねらい　相手の深いボールに対し、強打はできない中でしっかり入れにいくスマッシュ。この打法を習得すると、スマッシュのミスが減る。

① 大きく下がらず 早めに足を止めテークバックする

左肩が前

右肩が後ろ

☑ CHECK! あえて打点が近くて打ちにくい、つまった状況を作る。

② スイング開始とともに 左足を後方へ引く

後方へ

☑ CHECK! すでにつまっている状況なので、無理して前に踏み込もうとしない。

③ 前の左肩と後ろの右肩を 入れ替える反動でボールを飛ばす

左肩を後ろに

右肩を前に

☑ CHECK! インパクト時には体重が後ろに残っているため、強打は難しい。

④ 大きくフォロースルー

☑ CHECK! リズムよく打つことでミスしにくくなる。

技術解説（ボレー）

体から遠いボレー　フォア

ねらい　体から遠いコースにきたボールをボレーするテクニック。フォアは利き腕を伸ばすだけでなく、左手をラケットから離すことによって、リーチを生み出すことができる。

1 すばやく
コースに入る

2 左右の腕を
伸ばしてインパクト

3 フィニッシュでは
面を残す

左腕を伸ばすと
ボールに
届きやすくなる

技術解説（ボレー）

体から遠いボレー　バック

ねらい　体から遠いコースにきたボールをバックボレーできると、相手はねらうコースが狭くなる。フォアと合わせてマスターしたいテクニック。

1 タイミングよく
飛び出す

2 インパクトでは両腕
を左右に伸ばす

3 面を残して
フィニッシュ

menu 113

アタック止め　フォア

ねらい 相手が強く打ち込んできたストロークをネットに張りついてボレーで阻止するアタック止め。自分から先にコースに入ると恐怖心が働くので、相手に打たせてとりにく。

1 ラケットを立て 左足を前に

2 右足を踏み出し コースを埋める

ボールを上から見るように

3 左足を右足に 寄せて上体を保つ

前かがみにならない

技術解説（ボレー）

menu 114

アタック止め　バック

ねらい バック側のアタック止めも基本的な動きはフォアと同じ。近い距離から打たれるケースが多く、大きくスイングする時間はない。ラケット操作は顔の近くでコンパクトに行う。

1 右足をネット方向に 1歩つめる

最初は勢いの弱い球から練習するとよい

2 左足を踏み出し コースを埋める

3 右足を左に寄せる と体が安定する

技術解説（ドロップ）

ドロップショット　フォア

> **ねらい**　カットストロークの中でも、飛距離の短いショートボールでネット際に落とすのがドロップショット。相手が2人とも後衛にいるときやネット近くにスペースがあるときに繰り出すと威力を発揮する。

①　コンパクトに　スイングを開始

②　ラケットにあてる時間　を短くボールを運ぶ

③　インパクトした面が　上を向く

ライジングに
近いタイミング
をねらう

ボールの勢いを
吸収するように

技術解説（ドロップ）

ドロップショット　バック

> **ねらい**　バックのドロップショットは、相手からすると通常のバックカットショットと見分けがつきにくい。前後のフットワークを苦手とする相手に効果的に使おう。

①　上体を起こして　スイング開始

②　ボールの勢いを　吸収するように打つ

③　ネット近くに　落とすよう意識

相手から見て
右側に切れる
回転をつける

基礎トレーニング

スクワットショット

ねらい　スクワットの動きからすばやく回り込んでストロークを打つ。冬場におすすめしたいトレーニング。初心者は5〜6回続けて打てるようにしたい。

① スクワットの体勢で構えてボールを手投げしてもらう

✔ CHECK!　腰ではなく股関節を曲げ、お尻を下げる。スタンス（両足の幅）を広くとる。

② 手投げされたボールをラケットで地面に押さえる

✔ CHECK!　押さえたらすぐに腰を上げ、体を横に向けていく。すばやく動く。

③ 次に手投げされたボールに対しストロークの準備を行う

✔ CHECK!　低い重心をキープしたまま、サイドステップですばやくストローク準備に入る。

④ そのままの流れからストロークを打つ

✔ CHECK!　ストレートだけでなく、そこから引っ張ったり流したりできるとなおよい。

<table>
<tr><td>menu</td><td>ラリートレーニング</td><td>人　数</td><td>2人</td></tr>
</table>

118 ショートボール強化練習①

人　数	2人
回　数	できるだけ長く
レベル	中級

ねらい 攻撃は強打やスピードボールだけではない。飛距離の短いショートボールで相手の陣形を崩してチャンスを作るのも有効。ネット越しの短いラリーではリカバリーも求められる。

サービスラインより前のアレーゾーンを使ってクロスでネット越しにラリーを続ける

☑ CHECK!
角度がつけられるので、よいコースを突くと相手をコート外に追いやることができる。正確に打つのはもちろん、打った後にすばやく体勢を立て直したり、元のポジションに戻ったりすることも重要になる。

---

menu	ラリートレーニング

119 ショートボール強化練習②

人　数	2人
回　数	できるだけ長く
レベル	中級

ねらい 同じようなショートラリーを逆クロスでも行う。右利きの場合、バックハンドで打つことになり、やや難しいが、コンパクトなスイングで鋭いコースをねらっていきたい。

① 打つポジションにすばやく移動する

② 重心を低くコンパクトにスイングする

重心下げる

☑ CHECK!
カットストロークでネット際に落とすドロップショットを織り交ぜると、相手も対応しづらく、ミスを誘える。

ネット際強化練習

人　数	2人(1人は球出し)
回　数	3セット
レベル	中級

ねらい ネット際に落とされたボールをネット際に返す。バックハンドでとることで、フォアで拾うよりもリーチが生まれ、次のリカバリーが早くなる。

① ボールが落ちる場所を すばやく見極めネットにつめる

☑ CHECK! 上体を左に向けながらつめると、その後の動きがスムーズにできる。

② 右足を滑るように踏み出し ラケット面を作って前に出す

☑ CHECK! 上体がブレないように腰を入れてバランスを整える。

③ 落ちてきたボールを すくい上げるようにして返球する

☑ CHECK! インパクトが弱すぎるとネットを越えず、強すぎると相手に攻められる。

✕ これはNG

前につめてとるときはフォアで打たない。バックでとるよりもリーチが出せず、その後のリカバリーにも時間がかかる。

menu

121

基礎トレーニング

バランス向上
フリーズトップ打ち

人　数	2人(1人は球出し)
回　数	5〜6球
レベル	初級〜中級

ねらい　フリーズとはスイングを終えた後、その体勢を3秒間キープすること。たまにチェックすることで、ソフトテニスに必要なバランスを確認できる。

1　トップ打ちをする

2　スイングして左足で立った体勢で止まる

3秒間キープ

✔ CHECK!
打ち終わった後、左足1本で立った体勢を3秒間キープする。フリーズができないのは、頭や肩、ひざ、足首のどこかの位置が崩れている証拠になる。

---

menu

122

基礎トレーニング

バランス向上
フリーズスマッシュ

人　数	2人(1人は球出し)
回　数	5〜6球
レベル	初級〜中級

ねらい　トップ打ち後のフリーズと同様、スマッシュのスイングを終えた後、その体勢を3秒間キープする。ここでバランスを保てないと、次のプレーにスムーズに移れない。

1　スマッシュを打つ

2　スイングして左足で立った体勢で止まる

3秒間キープ

✔ CHECK!
強いボールを打った後は、相手がフォローし、思わぬ方向にボールが返球されることがある。その意味でもバランスを保ち、リカバリーの早さを追求する必要がある。

楽しめる環境を作るには

2023年の全国大会では優勝をねらいましたが、残念ながら、ベスト8で敗戦しました。しかし、その戦いぶりを見た方々から、本校の出場選手は、どの学校よりも楽しそうだったといわれました。年間を通してたくさんのチームと合同練習を行いますが、他校の指導者からも、いつも楽しそうですねといわれます。

ソフトテニスに限らず、何事も上達するには、楽しむことが大事であると私は考えます。以下は、私が指導する際に意識している7つのポイントです。

楽しむことは上達への近道

①試合に敗戦したときに感情的な指導をしない（生徒のやる気が下がらないようにする）

②なるべくシンプルな言葉で短く伝える（早く練習をしたい気持ちをくみとる）

③上達したことや成長したことをお互い確認する（生徒の自己肯定感を高める）

④生徒たち自身が考えた意見を提案したときは、なるべく否定せずに受け入れる（心理的安全性を与える）

⑤試合で負けたときはとくに生徒自身で考えさせる時間を与える（一方的に教えすぎない）

⑥練習メニューを固定せず、同じゴールを見据えながらアプローチを変える（新鮮な気持ちやワクワクした気持ちを与え続ける）

⑦試合形式の練習を多くとり入れる（いろいろな実戦を積みながら成長を促す。また、試合形式の練習は生徒も楽しめる）

指示はなるべく短くシンプルに

生徒たちがスポーツを楽しみ、上達できる環境を作れるかどうかは、指導者次第です。そういった環境を作り、成長を促すことが指導者の役割であると私は考えます。

サービスの練習

サービスは攻撃の第一手です。球の持ち方からフォロースルーに至るまで、
動作を詳しく解説し、上達につながる練習方法を紹介します。
サービスを得意にして、試合で優位に立てるようにしましょう。

サービス技術解説

オーバーハンドサービス

1 ヘッドを下にしてラケットを
引きながら頭上にトスを上げる

2 軸足（右足）に体重を乗せ
上体をひねってタメを作る

体重を乗せる

✔ CHECK!

気持ちを集中させ、打ちたいコースを確認する。ボールを持った左手でラケットを支えるようにするとフォームが安定する。

✔ CHECK!

リラックスした状態で腕を軽く伸ばしてトスを上げる。オーバーハンドサービスはトスが命といわれるほど、トスが重要。

✔ CHECK!

軸足（右足）に体重を乗せつつ、両ひざを深く曲げる。上体をひねることでタメができる。左腕を真上に伸ばすとバランスを保てる。

③ 一番高い打点でラケット面にボールを押しあてるように打つ

④ ラケットを上から振り下ろし左足で着地する

✔ CHECK!

溜めた力を上に移動させるイメージで、曲げていた両ひざを伸ばす。慣れてきたらジャンプして、より高い打点でインパクトする。

✕ これはNG

打つ前にベースラインを踏むと、フットフォルト（反則）をとられてしまうので注意する。

アドバイス！

サービスは1本目（ファーストサービス）が入らなくても、2本目（セカンドサービス）を打つことができます。1本目は攻撃的に打ち、2本目は確実に入れるのがセオリーですが、ラリーで優位に立つにはファーストサービスの成功確率を上げることが重要です。

サービス技術解説（握り方）

薄いグリップの握り方

ねらい サービスを打つときのグリップは、薄いグリップをおすすめしたい。腕のプロネーション（回内運動）とスピネーション（回外運動）を使えるようにする。

包丁を持つように握る

✔ CHECK!
薄い握りは、ラケット面が地面に対して90°の方向を向く握り方。ウエスタングリップ（メニュー002）を90°方向に回転させていくと、薄い握りになる。

アドバイス！

回外運動

回内運動

写真の状態から手のひらを上に向けるときの腕の動きが回外運動、逆が回内運動です。

基礎トレーニング（握り方）

ボールキャッチ

人　数	1人
道　具	ラケット、ボール
レベル	初級

ねらい 薄いグリップに慣れるためのトレーニング。薄く握ったラケットと利き手側の足の外側でボールを挟み、足を上げながらボールを浮かせてキャッチする。

1 ラケットと足でボールを挟む

2 挟んだまま足を上げる

3 浮かせたボールをキャッチする

menu
126

サービス技術解説（構え方）

構え方の基本　下半身

> **ねらい**　オーバーハンドサービスは、腕を後ろに引く動作であるテークバックで上体をひねることでボールに力を伝える。構え方は、右足が体の斜め後ろにくるようにセットする。

両足はクローズドスタンス

クローズドスタンスは右足を左足より引く

集中して打ちたいコースをしっかり見る

✔ **CHECK!**
クローズスタンスで構えることで、トスを上げた後、背中を相手に見せるくらいのひねりを作ることができる。これが力強いサービスを生み出す。

---

menu
127

サービス技術解説（構え方）

構え方の基本　上半身

> **ねらい**　上半身の構えで重要なのは、リラックスをすること。両肩と両手の4点を結び、体の前で長方形を作るイメージ。これにより両腕が一緒に動きやすくなる。

両肩と両手の4点で長方形を作る

✕ これはNG

両手が近いと腕が連動しづらくなる。

✔ **CHECK!**
両腕の動きを連動させるには、左手はボールを持ちながらラケットのシャフトあたりに添えておくとよい。両手の位置が近すぎると、腕の動作が左右で連動しなくなる。

サービス技術解説(トス)

ボールの握り方

ねらい　トスを上げる際は指の力を抜く。親指、人差し指、中指の3本の指で、手のひらにガラスのコップを持っているように優しく握る。

親指、人差し指、中指で優しく握る

✔ CHECK!

ファーストサービスを打つとき、片手で2球を持ってもよい。ただし初心者は慣れるまでは1球ずつ持ち、予備の球はポケットに入れておいたほうが、ファーストサービスに集中できる。

基礎トレーニング(トス)

アイスクリーム持ち

人　数　1人
道　具　ボール
レベル　初級

ねらい　力まずにボールを握る感覚を養う練習。ボールを持ったときにどうしても力んでしまう人は、矯正方法としてこのアイスクリーム持ちをやってみるとよい。

親指と中指の輪を作り
ボールを乗せる

✔ CHECK!

人差し指でボールが動かないように軽く支える。基本的には指の上に乗せているだけなので、ぎゅっと握ることができない。試合で緊張している場面などでも、力まずにボールを持てるようにしたい。

menu 130

トスの上げ方

> **ねらい**　ボールの位置を常に一定に保ってトスができれば、安定したサービスにつながる。ベースラインに沿って左腕を上げていき、投げ終わった後に上体をひねる。

1 左手は左足の付け根
あたりからスタート

2 ベースラインに沿う
イメージで上げる

3 トスした後に
上体をひねる

menu 131

トスのタイミング

> **ねらい**　トスを一定の高さで上げるには、ボールを離すタイミングも重要。ここでは一般的なタイミングについて解説する。どこで離すとよいかを自分で探してみよう。

左肩より高く、頭の最も高い位置よりは
低いところでボールを離す

✔ CHECK!

サービスは自分の感覚が重要なので、この位置で離さないといけないという原則はない。目や鼻の高さ、あご先の高さで離すなどの試行錯誤をして、うまくいく自分のタイミングを見つける。

サービス技術解説（トス）

トス後の左肩とあごの位置

ねらい トスを上げた後の左腕の動作は、上体のひねりと密接に関わり、サービスショットの強さを左右する。左腕の役目はボールを投げたら終わりではないことを理解する。

あごを左肩につけて
上体をひねる

✕ これはNG

左肩があごについていない。

✔ CHECK!

左腕は上げたままで左肩にあごを押しつけて上体をひねる。背中を相手に見せるくらいひねることができると、そこから強いサービスを打てる。

サービス技術解説（トス）

トス後の背中の位置

ねらい サービスショットの強さは上体のひねりが生み出す。ここでは背中の動きに注目する。トスをした後の上体のひねりは、背中が相手選手に見えるようにひねることを意識したい。

相手に背中が見えるくらい
上体をひねる

左半身がストレッチで伸びる
イメージを持つ

✔ CHECK!

左脇から左股関節までがしっかり伸びていると、右肩が入った状態になり、スイングでパワーを生み出せる。

menu

134

サービス技術解説（トス）

トスの高さ

ねらい トスは最低限の高さにとどめ、なるべく低く上げる。高いとボールがブレる可能性があり、風が強いときには強打が難しくなってしまう。

トスは低いほうがタイミングを合わせやすい

✔ CHECK!
トスを高くしてタメをたくさん作ろうという考え方の指導者も少なくない。間違いではないが、風があるとトスが不安定になりやすいことを考えると、高く上げ過ぎるのはNG。また人によっても最適な高さは異なるので、いろいろ試してみよう。

menu

135

サービス技術解説（テークバック）

テークバック①

ねらい サービスのテークバックにおける腕の動作を見ていく。腕を限界まで引き、手のひらを上に向けて前腕を外向きに回す回外運動を意識する。

① 小指が先行するように
ラケットを引いていく

② 限界まできたら
回外運動に切り替わる

前腕が右回転
していく

✔ CHECK!
小指から引いていき、限界までくるとストレッチが効いてきつく感じるはず。そのポイントで前腕の回外運動を始める。

テークバック②

ラケットを背中側まで持ってこない、最短距離でショットを迎えるテークバック。初心者はシンプルな動きのほうが習得しやすいので、このテークバックがおすすめ。

1 右ひじから
腕を上げていく

2 ラケット面が
顔の前を通る

3 引き終わってから
トスを上げる

テークバック時の脱力

ねらい
サービスでスイングのスピードを上げるには、構えからテークバック、スイングの始めまでは脱力し続け、インパクトの瞬間に最大の力を入れることが大切になる。

ラケットがずり落ちそうなくらいの力加減で握る

脱力して
握る

✔ **CHECK!**

テークバックでは脱力し、ぎゅっと力強く握らないようにする。反対にインパクト時は親指、人差し指、中指の上側で支えるように強く握ると、ラケットのヘッドをスムーズに動かせる。ヘッドのスムーズな動きから鋭いスイングが生まれる。

menu	基礎トレーニング（テークバック）	人 数	1人

138

トロフィーポーズ・テークバック

人 数　1人
道 具　ラケット、ボール
レベル　初級

ねらい ひじを上げるための練習。初心者はトロフィーポーズ（ラケットを担ぐ形）をキープするのが難しいので、テークバックを完結させてからトスを上げることで基本動作を養う。

まずは右腕のトロフィーポーズを完結させてからトスを上げる

✔ CHECK!

一般的なオーバーハンドサービスは、トスでボールを手から離した後、テークバックが完了する。ここでは先にテークバックを終え、そこからトスを上げる。

139

基礎トレーニング（テークバック）

ペットボトルで回外運動

人 数　1人
道 具　ペットボトル
レベル　初級

ねらい テークバックで小指を先行させるように引き、回外運動で切り返してラケットを担ぐ一連の動作を、液体の入ったペットボトルを使って覚える。

① **ペットボトルを逆手に持つ**

② **ひじを支点に回転させる**

③ **ふたが上にくるように切り返す**

サービス技術解説（フットワーク）

テークバック時のつま先

ねらい オーバーハンドサービスは、テークバック時に前足のつま先に最大の体重をかける。これにより強いサービスが打てる。とくにつま先の親指側に体重を乗せたい。

① トスを上げるときは 後ろ足に体重を乗せる

② ひざを曲げたら前足の つま先に体重を乗せる

✔ CHECK!
トスでボールから手を離し、上体をひねるタイミングで右足を左足の横に寄せる。真横につけるというより斜めに並ぶというイメージ。

サービス技術解説（フットワーク）

フットバック

ねらい オーバーハンドサービスを打つとき、両足に関してはフットバックとフットアップの2つの方法がある。フットバックは踏み込みにより地面から返ってくる力（地面反力）でボールを打つ。

① 通常の構えから トスを上げる

長方形の
フォームを
忘れない

② 後ろ足を動かさず 上体をひねる

✔ CHECK!
重心移動が少ないので、より正確性が高いサービスを打てる。両足を開き、上体のバランスをとるようにする。

サービス技術解説（フットワーク）

フットアップ

| ねらい | フットアップはテークバックとともに後ろ足を前足に寄せていく。両足とも前に踏み込むので、前への重心移動を最大限に使ったパワフルなサービスが打てる。 |

① 通常と同じ動作で トスを上げる

② テークバックしながら 後ろ足を前足に寄せる

✔ CHECK!

フットバックに比べると重心移動があるので、より攻撃的なサーブとなる。体のバランスを崩しやすいので、トスの安定性が求められる。

サービス技術解説（フットワーク）

ひざの屈伸

| ねらい | ひざの屈伸から両足で地面を押す地面反力を生かすのがねらい。ただ沈むだけではなく、沈みながらひねる。ひざの曲げと上体のひねりを同時に行い、パワーを蓄える。 |

① トスを行い 後ろ足を前足に寄せる

② ひざの曲げと上体の ひねりを同時に行う

✔ CHECK!

ひざを深く曲げることで、一気に伸ばすときに地面から反発をもらえる。伸ばした左腕でバランスをとって上体がブレないようにする。

サービス技術解説（フットワーク）

跳びながらスイング

> **ねらい** ひざの曲げと上体のひねりによって溜めたパワーをスイング時に一気に解放する。地面反力を利用し、その反動を使ってラケットをムチのようにしならせる。

① スイングしながら曲げたひざを一気に伸ばす

② 溜めたパワーを頭上でボールに伝える

頭上の一番高い打点で

✔ **CHECK!**

インパクトの瞬間、体が浮いていると、より力が伝わる。体全体を使ってラケットを振り下ろす。

サービス技術解説（フットワーク）

着地の前足

> **ねらい** インパクトした後、前足で着地する。コート内に入って着地できれば、最大のパワーをボールに伝えやすい。逆に真上に跳ぶと、サービスにスピードは出ない。

① ジャンプしながらインパクトする

② 前足でコート内に着地する

前に跳ぶことでボールに威力が出る

✕ これはNG

打ったその場で着地している。

menu
146

サービス技術解説（フットワーク）

後ろ足の蹴り上げ

ねらい 力強いサービスのためには、インパクトの後、後ろ足を蹴り上げる。この蹴り方を覚えると、サービスに威力が出てバウンドしてからの伸びが増す。

① **インパクトとともに 前足は1歩踏み出す**

② **着地で後ろ足を 大きく蹴り上げる**

✔ **CHECK!**

後ろ足の蹴り上げ方としては、足の裏が後ろの人に見えるぐらいダイナミックに。この動きを意識することで力強いショットを生み出せる。

---

menu
147

基礎トレーニング（フットワーク）

着地練習

人 数　1人
道 具　コートマーカー
レベル　初級

ねらい 着地の位置を少しずつ前にしていくための練習。着地の位置がコートの中に入れば入るほど前に向かう力が働くため、ボールにエネルギー生まれる。

① **打った後ベースラインから30cm 先に着地する**

② **2回目は さらにその先に着地する**

✔ **CHECK!**

コートマーカーがなければ、踏んでも危なくない紙やテープなどを使う。15〜30cm間隔で並べ、そこを目安に前足（左足）で着地する。

サービス技術解説（サービスフォーム）

体の「く」の字を2回作る

ねらい オーバーハンドサービスの構えからテークバックの流れの中で、横から見たときに体が「く」の字になる局面が2回ある。ここではそれを確認する。

1 構えたときに「く」の字を作る

2 テークバックで逆「く」の字を作る

✔ CHECK!
最初の「く」では打ちたいコースを視線で捉え、次の「く」では体を反らせてタメを作る。1つでもできていないと、よいサービスは打てない。

サービス技術解説（サービスフォーム）

テークバック時のラケットの位置

ねらい スイングではラケットでムチのようなしなりを作りたいため、テークバックを終えたときはラケットの位置と向きが重要になる。

背後でラケットを立てる

✕ これはNG

ラケットを担ぐように構えるのはNG。

✔ CHECK!
トスを上げたらラケットを立ててテークバックを完了させる。ヘッドが相手のほうを向くイメージを持つ。

menu
150

サービス技術解説（サービスフォーム）

腕の空間

> **ねらい**　スイング動作で効率よく体を使うために、テークバックでひじを体から遠いところにセットする。両腕の間に大きな空間を作るイメージを持つといいだろう。

利き手側のひじを約90°に曲げ
体から遠い位置にセットする

ラケットは
立てる

✔ CHECK!

ひじと脇が約90°に曲がっていると、自然とラケットが立つ。初心者はひじが下がりがちで、ラケットが体に近寄ってしまうので気をつけたい。

menu
151

基礎トレーニング（サービスフォーム）

サッカースローイン

人　数　1人
道　具　サッカーボール
レベル　初級

> **ねらい**　サッカーのスローイン動作を行い、下半身から上半身に動きが連鎖する感覚を身につける。できるだけ遠くに投げ、体をしなやかに使いたい。

1 サッカーボールを両手に
持ち体を反らせる

2 反った反動を生かして
ボールを投げる

できるだけ
遠くへ投げる

✔ CHECK!

下半身と上半身がうまく連鎖できていないと、遠くには飛ばない。誰が遠くに投げられるか、チーム内で競ってみるとゲーム性が増す。

サービス技術解説（インパクト）

ラケットの切り返し

> **ねらい** テークバックの完了からインパクトまでは、動きを止めず流れるように、ムチがパチンとしなるイメージで打つ。そのためには脱力することを意識する。

1 テークバックで
ラケットを立てる

2 切り返してラケット
ヘッドを下に

3 動きを止めずに
フォロースルーへ

サービス技術解説（インパクト）

小指からインパクト

> **ねらい** サービスのインパクトは、ラケットを持った手の小指から入って、親指で抜けていく。手のひらを下に向け、前腕が内側に回る回内運動が自然に行われる。

1 インパクトの前は
小指から入る

2 腕をひねり回し
ながらインパクト

3 親指で抜けていく

サービス技術解説（インパクト）

インパクトの角度

> **ねらい** インパクト時の利き腕の角度は130°ぐらい。ただし、このままでは頭上の一番高い位置でボールを捉えられないので、腰を曲げ多少の体の傾きを作る必要がある。

① 腕は約130°の角度でインパクトを迎える

② 上体を傾け最高点でインパクトする

✔ **CHECK!**

利き腕の約130°という角度は、選手宣誓などで右腕を上に掲げるときのイメージ。インパクトでは体を傾けることで、腕がほぼ真上に伸びるようになる。

サービス技術解説（インパクト）

インパクト時の顔の位置①

> **ねらい** インパクト時に顔をどこに向けるかは主に2つのやり方がある。1つはこの、顔を残して打つ方法。顔を残すことによって体の開きを抑え、ラケットのヘッドを走らせる。

① トスしたボールをしっかり見る

② 顔を正面に残してインパクトする

✔ **CHECK!**

ボールから目を離さずにインパクトしていけば、自然とこの動きになる。初心者はまずこの動きから身につけたい。

第4章　サービスの練習

151

インパクト時の顔の位置②

ねらい もう1つのやり方は、顔を残さず腕の動きとともに左方向に一緒に動かしていく方法。顔も動くことで、スイングに加速が生まれ、サービスの威力が出る。

1 **テークバックまでの
動きは通常と同じ**

2 **顔を残さず左方向へ
腕と一緒に動かす**

✔ CHECK!

野球でも顔を残さずに
投げるピッチャーがいる
が、それと同じ要領。2
つの方法のどちらがよい
ということはない。練習
で両方にチャレンジして、
どちらが自分に合うか探
してみよう。

バンダナ腕回し

人　数	1人
道　具	ラケット、バンダナ
レベル	初級

ねらい ラケット面が外へ向いていく動作を作るトレーニング。バンダナなどをラケットのヘッドに結びつけ、サービスの一連の動きを行うことで腕の動きを意識しやすくなる。

1 **テークバックでは
上体をひねる**

2 **小指から
インパクトに向かう**

3 **親指から
抜けていく**

menu		
158	基礎トレーニング（インパクト）	

可動域ストレッチ

人　数　**1人**
回　数　**10〜15回**
レベル　**初級**

> **ねらい**　オーバーハンドサービスの動きでは、腕や肩回りの柔軟性が欠かせない。可動域を広げるためのストレッチ。こまめにやっておくと通常のストロークを打つうえでも役に立つ。

① 手のひらを外側にして「前へならえ」

親指を下に、手のひらは外側に向ける

② 手のひらを上に向けて再び戻す

回外運動

✔ CHECK!

腕を回しているときは刺激が入っている部位を意識することでストレッチ効果が増す。可動域が上がると、サービスの動きがスムーズになり、威力やスピードが出やすくなる。

---

menu		
159	基礎トレーニング（インパクト）	

障害物ネット

人　数　**1人**
道　具　**移動式ネット**
レベル　**中級**

> **ねらい**　ネットの後ろに障害物を置くことで、ネットにかからないようにサービスを打つ意識を高める。サービスのフォルトはネットにかかるよりもオーバーしたほうがよい。

① ネットの奥に移動式ネットを置く

ラケット1本分

② 移動式ネットにかからないように打つ

打球に距離を持たせる

✔ CHECK!

ある程度できるようになったら、ボールに回転をかけて、落ちるサービスを意識する。ボールの右斜め上をこするようにインパクトすると、回転がかかってボールが落ちる。

サービス技術解説（フォロースルー）

フォロースルーの位置

> **ねらい** オーバーハンドサービスのスイングは、ダイナミックな動きで上から振り下ろす。ラケット面は外に返して、フォロースルーでラケットを体のほうに回してくる。

① 130°の位置でインパクト

② すぐにひじを落とさない

手首から先で小さな円運動を起こす

③ 体の左側でフィニッシュする

サービス技術解説（フォロースルー）

フォロースルー時の非利き腕①

> **ねらい** フォロースルー時の非利き腕（ここでは左腕）の動作次第で、サービス後に体が止まるだけでなく、ラケットのヘッドが加速していくという効果を期待できる。

① インパクト時に左腕は体の前にくる

② 左右の腕が交差するイメージ

体の開きがブロックされる

③ 左腕を体の中心につけ上体を支える

腕が交差する

menu
162

サービス技術解説（フォロースルー）

フォロースルー時の非利き腕②

ねらい　メニュー161とは異なり、非利き腕（ここでは左腕）を大きく動かして右腕と連動させる。ダイナミックに両腕が動くことによりラケットのスイングが加速される。自分に合ったやり方を見つけよう。

1 インパクト直後は左腕が前に	2 右腕の動きと連動させ体の後方へ	3 フィニッシュでは後ろに伸びる

menu
163

サービス技術解説（サービス後）

サービス直後の構え

ねらい　サービスを打った直後は、前足（左足）を踏み出し、つま先が打った方向に自然に向いていくのが理想。すぐに待球姿勢を作り、3球目の準備を怠らない。

1 打った方向に前足を踏み出す

2 相手のレシーブに備えすぐに待球姿勢を作る

✔ CHECK!

打った直後に体が左側に流れてしまう人が多い。左側への移動は多少あるものの、倒れすぎないようにしたい。

基礎トレーニング（フォロースルー）

サービス・キャッチボール

人　数　2人

回　数　往復20回

レベル　初級

> **ねらい** 第1章でもとり上げたキャッチボールの動きは、オーバーハンドサービスで共通点が多くある。ここで改めてサービスの動きを意識しながらキャッチボールを行う。

① 軸足に体重を乗せてひじを引く

② 頭上の高い位置でボールを放す

③ 投げた後は後ろ足を蹴り出す

体重を乗せる

サービス動作との共通点を意識しながらやる

基礎トレーニング（フォロースルー）

バランス向上フリーズサービス

人　数　1人

回　数　5〜6球

レベル　初級

> **ねらい** 第3章で行ったトップ打ちとスマッシュのフリーズ練習（メニュー121、122）のサービス編。スイングを終えた後、その体勢を3秒間キープして、全身のバランスが崩れないようにする。

① 打ち終わった後その体勢で止まる

② 前足1本で立ち3秒間キープする

✔ CHECK!

後ろ足を蹴り上げると、上体がグラグラして安定しないが、ここでバランスをしっかり保てないと、次のプレーにスムーズに移れない。

menu
166

サービス技術解説（ルーティン）

サービスのルーティン①

ねらい　15～20秒間あるポイント間のインターバルでは、ルーティンなどで自分のリズムを確立する。よいメンタルの状態でサービスに臨めるかが勝敗に大きく影響する。

ボールを2～3回ラケットで突いて弾ませる

✔ CHECK!

公式戦の心拍数は練習試合のときより14％高く、最高心拍数が約10回も上がるという研究報告もある。ラケットでボールを突かずに、左手でバウンドさせるルーティンもよいだろう。ルーティンによってリラックスし、スイングスピードのアップを図りたい。

menu
167

サービス技術解説（ルーティン）

サービスのルーティン②

ねらい　自分のタイミングで打てるサービスにおいては、15～20秒間のインターバルでメンタルコンディションを整えることが大切。自分なりの方法で集中力を高めていきたい。

ラケットのストリング（ガット）を見たり
触ったりして神経を集中させる

✔ CHECK!

もちろん、ルーティンが必ずなければいけないというわけではない。ただ、ルーティンが気持ちにスイッチを入れる役割を果たし、集中力を高めた状態でサービスに入ることができる。

サービス技術解説（そのほかのサービス）

クイックサービスのすすめ

ねらい 風が強く吹いているときはクイックサービスが有効。通常サーブよりもトスを低くし、ラケット動作も小さくして、コンパクトな振りで確実に入れることを意識する。

① **ラケットを高めに 構えてトスを上げる** ② **トスは通常よりも 低く上げる** ③ **ラケットは鋭く コンパクトに振る**

サービス技術解説（そのほかのサービス）

セカンドサービスの打ち方

ねらい セカンドサービスはファーストサービスが入らなかったときに打つため、確実に相手コートに入れることを優先する。力強いショットは必要ない。

① **テークバックまでは 同じ動き** ② **重心移動をあまり 使わずインパクト** ③ **後ろ足を 蹴り上げない**

menu
170

技術解説（そのほかのサービス）

カットサービス

> **ねらい** ボールの下側をこすって回転（バックスピン）をかけ、バウンド後に変化を与えるのがカットサービス。カットサービスの打ち方を覚えると、オーバーハンドサービスとはちがった武器になる。

1 ラケットを短めに持ち 後ろに引いて構える

2 ボールの下をこする ようにインパクトする

✔ CHECK!

ボールにかける回転量によって、コートに落下後のボールの弾む高さや弾み方が変化する。屋内のインドアコートでとくに威力を発揮する。

---

menu
171

技術解説（そのほかのサービス）

バックカットサービス

> **ねらい** メニュー170のカットサービスとは逆回転をかける打ち方。ラケットの裏面を使うので、初心者には難度が高め。練習で積極的に試して感覚を養っていきたい。

1 両手を交差させる ように構える

2 ボールの下をこする ようにインパクト

ラケットを
短めに持つ

✔ CHECK!

カットサービスは高く弾むと相手に攻撃する機会を与えてしまう。できるだけバウンドを抑えられるようなサービスを目指したい。

サービス技術解説（戦略）

ファーストサービスの戦略

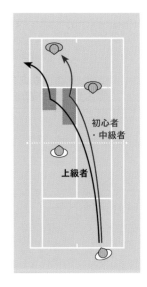

ねらい ▶ 試合を優位に進めるには、サービスの入る確率を高くすることが不可欠。できれば、相手レシーブ後の3球目でポイントをとれるようなファーストサービスを打ちたい。

初心者
・中級者

上級者

1 初心者・中級者はコートの中央をねらう

まずは相手が角度をつけてレシーブしにくいコートの中央（センター）をねらうことを意識する。上級者は角度をつけた外のコースに、鋭いサービスを入れるとよい。

アドバイス！

よいサービスかどうかの答えは、すべてボールが教えてくれます。理想は、相手のレシーブ後の3球目で自分たちが気持ちよく攻撃できること。そのためにも相手のレシーブを崩せるようなサービスを意識したいものです。

サービス技術解説（戦略）

セカンドサービスの戦略

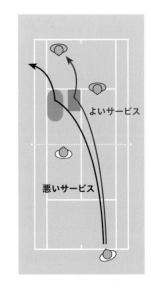

ねらい ▶ セカンドサービスではミスのない確実性が求められるが、ただ入れるだけでは相手に攻撃されてしまう。できるだけ攻撃されにくいサービスを入れる。

よいサービス

悪いサービス

1 初心者も上級者も基本的にはセンターをねらう

図のようなクロス側でも、反対の逆クロス側でも、センターをねらう。これにより相手は角度をつけたレシーブを打ちにくくなる。

アドバイス！

試合の終盤などになると、絶対にダブルフォルトをしたくない意識から、外側の長いコースに打ちたくなります。外への緩い球は相手にとって攻撃チャンス。センターにこわがらずに打てるよう、日ごろから試合を想定して練習しましょう。

第 **5** 章

戦術の練習

これまで学んできたことを、試合形式の練習で使います。
戦術を学ぶとともに、フォームが不自然だったり、うまくボールを飛ばせなかったりする場合は、基本に立ち戻って動作を確認しましょう。

戦術練習

ディレイドプレー①

人　数	4人
回　数	2～3セット
レベル	中級

ねらい　ディレイドとは「遅れる」という意味。ディレイドプレーは、わざとプレーを遅らせてスペースを作り、相手がそこをねらって打ってきたところで仕留めにいく。

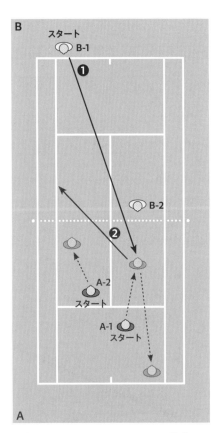

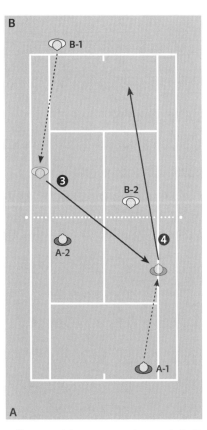

① B-1のセカンドサービス❶を ショートクロスにレシーブ❷

A-1はスタート位置からサービスライン内に入り、ショートクロスへレシーブする❷。ドライブでもカットストロークでもOK。A-2もネット際まで進み前衛を固める。A-1はレシーブ後に一旦、ベースライン近くまで下がる。

☑ **CHECK!**　相手のセカンドサービスが短いときのほうがショートクロスにレシーブしやすい。

② B-1がスペースに打ってきた❸ をボレー❹で仕留める

B-1は前にスペースがあるとねらって打ってくる❸。そのときにA-1はすばやく前につめ、浮いてきたボールをボレーで叩く❹。

☑ **CHECK!**　A-1がベースラインまで一旦下がるのは、下がるふりでもよい。相手にスペースがあると思わせて、空いているスペースに打たせる戦略。

戦術練習

ディレイドプレー②

人 数	4人
回 数	2〜3セット
レベル	中級

ねらい 同じくセカンドサービスからの展開。レシーブ後にベースラインまで下がるふりをし、相手のロビングを誘い、浮いてきたところをボレー（メニュー 050）やスマッシュ（メニュー 053）で決める。

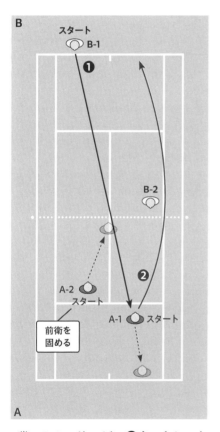

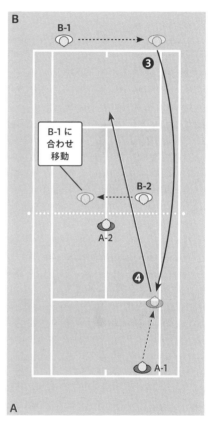

① B-1 のサービス❶をストレートにロビングでレシーブ❷する

サービス❶に対し、ストレートに相手前衛の頭を越すようにロビングを打つ❷。打った後に A-1 は一旦、ベースライン近くまで下がる。あるいは下がるふりをするだけでもよい。

☑ **CHECK!** 相手のファーストサービス時に仕掛けてもいいが、スピードや威力がそれほどないセカンドサービス時のほうが、リスクは小さい。

② B-1 がロビングでつないできたらボレーで仕留める❹

B-1 はまずは無難につないでいこうと考え、ロビングでストレートに打ってくる❸。そのとき A-1 は前にすばやくつめ、浮いてきたボールを高い打点で叩く❹。

☑ **CHECK!** ❷で相手がなんとか拾えるくらいの厳しいコースにレシーブできれば、❸でロビングを打ってくる可能性が高くなる。

戦術練習

ディレイドプレー③

人　数	4人
回　数	2〜3セット
レベル	中級

ねらい　ディレイドプレーの練習は逆クロスでも行う。レシーブをショートボールで返球し、パートナーは最初は下がっておいてスペースに誘い、前につめて高い打点で攻撃する。

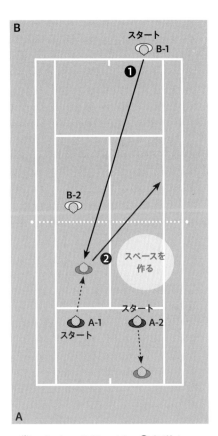

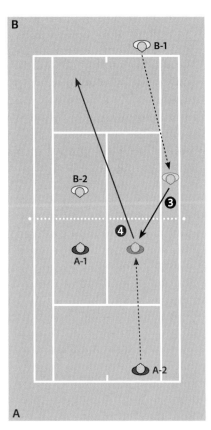

① セカンドサービス❶を逆クロスへ短くレシーブする❷

逆クロスの短いレシーブ❷は、カットストローク（メニュー101）で打つとネット際に落としやすい。打ったA-1はその位置か少し前に出て構える。A-2は、はじめ後ろまで下がりスペースを作っておく。

☑ **CHECK!**　A-2は実際に下がらなくてもよい。下がるそぶりを見せて、相手にネット近くにスペースがあると思わせる。

② 相手が短く打ってきた❸をボレーで叩く❹

B-1は短く返されたレシーブ❷を前に出てつなぐ❸。このとき、ネット近くにあえて作ったスペースに打ってくる可能性が高いので、A-2が前につめてボレー❹で一気に攻め込む。

☑ **CHECK!**　ここではレシーブした前衛A-1が❹を決めにいってもOK。とりにいくと判断したら躊躇せずに飛び出すことが大切。

戦術練習

ディレイドプレー④

ねらい ストレートにロビングで返球し、動かされた相手後衛 B-1 がクロスにロビングしてきた❸をボレーかスマッシュで叩く。

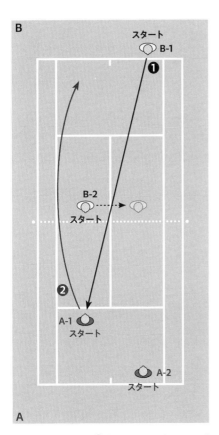

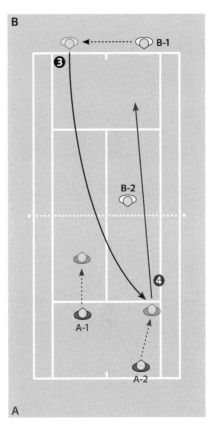

① サービス❶をストレートにロビング❷で返す

B-2 の頭を越すようにロビング❷でレシーブする。B-2 は逆サイドに移動する。A-2 はベースライン付近で構える。

☑ **CHECK!** ディレイドプレーでは相手を動かすことが第一歩。できればコーナーをねらって、相手後衛 B-1 に長い距離を走らせるようにしたい。

② B-1 がクロスに打ってきたロビング❸をスマッシュ❹で叩く

B-1 が❸を打つ瞬間に A-1 は前につめる。B-1 が安全策を選んでロビング❸でつないできたら、A-2 はサービスライン付近まで走り、スマッシュ❹で叩く。

☑ **CHECK!** スマッシュやボレーは中途半端なスイングではミスしやすい。思いきって振り抜くことで威圧し、メンタル面でも相手より優位に立つ。

戦術練習

ボレーフォロー強化練習①

人 数	4人
回 数	2～3セット
レベル	中級

ねらい 前衛にボレーを打たれたときに、それをフォローして立て直す練習。B側も動いてスペースを埋める。どのプレイヤーも動き出しが重要になる。

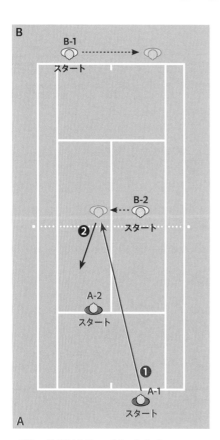

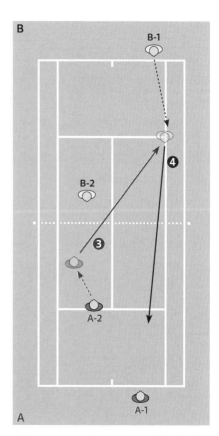

① 前衛がポーチに出たらフォローする

ポーチとは前衛がラリーに割って入りボレーを決めること。ここでは❷のボレーショットを指す。B-1は逆サイドに走ってスペースを埋めておかないといけない。

☑ **CHECK!** B-1とB-2はポジションをスイッチしたことで、守備エリアが変わることになる。重ならないようにポジションをとる。

② スペースにフォローされたボール❸を正確につなぐ❹

ボレーフォロー❸は、余裕があるときはワンバウンドさせてから相手の空いたスペースに返す。体近くに打たれて余裕がないときも落ち着き、しっかり面を作って返球する。B-1は前に走り、フォローされたボールをつなぐ❹。

☑ **CHECK!** 後衛がパートナーに「右!（に行って）」などと指示を出して陣形を整える。

<table>
<tr><td>menu</td><td rowspan="2">戦術練習</td><td>人　数</td><td>4人</td></tr>
</table>

menu	戦術練習	人　数	4人
179	**ボレーフォロー強化練習②**	回　数	2〜3セット
		レベル	中級

ねらい　メニュー178の逆クロス展開。コートに立つ全員にいえることだが、とくにポーチボレーをする側の後衛（ここではB-1）はタイミングよく動いて守備範囲を修正する。

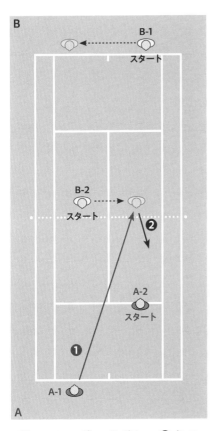

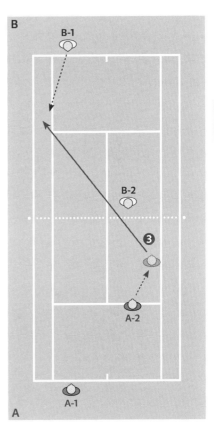

① B-2のポーチボレー❷をフォローする

B-2はストローク❶に対してポーチボレー❷をする。B-1はフォローされてから移動するのではなく、B-2がポーチに出たタイミングで逆サイドのスペースを埋めにいく。

✔ **CHECK!**　フォローした後はすばやくネットにつめ、本来のポジションにつく。相手が仕掛けてきたラリーの主導権をとり戻したい。

② フォローで返ってきた❸をB-1がとりにいく

ボレー❷がA-2の足元を突いてきたときは、ラケットの裏面でインパクトしたほうが返しやすい。裏面で打つ場合は両手を使うとラケット操作が安定する。B-1は❸をとり逃さない。

✔ **CHECK!**　ポーチが1本で決まるのが理想だが、仕掛けの後もケアをして、相手に反撃の糸口を与えないこと。

戦術練習

ボレーフォロー強化練習③

人 数	4人
回 数	2〜3セット
レベル	中級

ねらい ボレーフォロー強化練習をストレート展開で行う。ボレーするB側から見て右ストレート展開では、前衛のボレーフォローやその後のラリーはバックハンドを使うケースが多くなる。

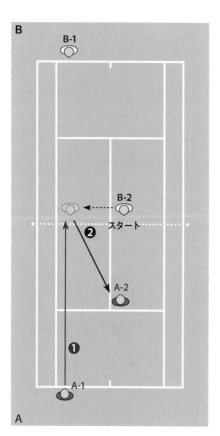

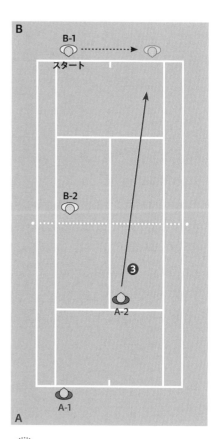

① 前衛の引っ張りのボレー❷をフォローする

ストレート展開のポーチ❷は、引っ張らないとアウトしてしまう。フォローに入る前衛A-2は守るべきコースがある程度絞られるので、しっかりB-2の動きを見ておく。

☑ **CHECK!** ボレーのコースによっては、後衛（A-1）がフォローに入らなければならないこともある。打った後はフォローの準備もしておく。

② B-1は逆サイドに走る

B-1は逆サイドに走ってA-2のフォローショット❸に対応する準備をしておく。❸のショットがあまければ、それを見逃さずに一気に攻める。

☑ **CHECK!** 余裕を持ってフォローされた場合、B-1が焦って攻めるのは禁物。まずは無難に相手後衛（A-1）に返すのがいいだろう。

戦術練習

ボレーフォロー強化練習④

人 数	4人
回 数	2～3セット
レベル	中級

ねらい メニュー180の左ストレート展開編。ボレーするB-2はバックボレーを引っ張りで打つ。ボレーフォローを経た後のラリーは、互いにクロスに打つ展開になりやすい。

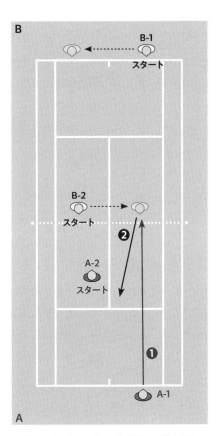

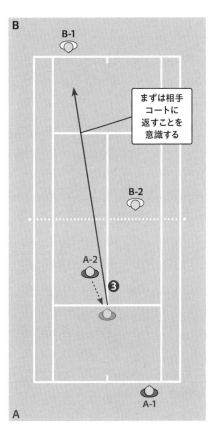

まずは相手
コートに
返すことを
意識する

① バックのポーチボレー❷は引っ張りで

B-2がポーチに出たタイミングで、B-1はすぐさま逆サイドに走ってスペースを埋める。基本的には2人がそれぞれ左右のポジションに入る。B-2は❷をバックでボレーする（メニュー051）。

☑ **CHECK!** すばやいポジションの入れ替えが、その後のプレーの選択肢を多くする。

② ボレーフォローはまずは確実に相手コートに返すことから

ポーチボレーをされた時点で、ラリーの主導権は仕掛けてきた相手側（ここではB側）にある。❸のフォロー1本で逆襲に転じるのは難しいので、まずは確実に返すことを心掛けたい。

☑ **CHECK!** 相手のボレーがあまかったり、自分たちに余裕があれば、フォローでポイントをとりにいってもよい。

戦術練習

ボレーフォロー強化練習⑤

人数	4人
回数	2〜3セット
レベル	中級

ねらい A側から見て、ストレート展開になるかと思いきや、クロスに振られたときのボレーフォロー強化練習。バック側に振られたA-1がB-2にボレーをさせてからリカバリーするのがねらい。

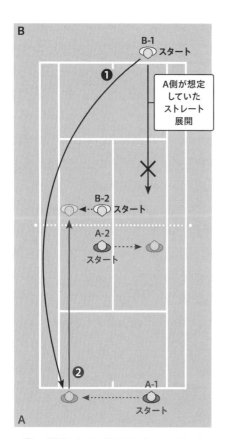

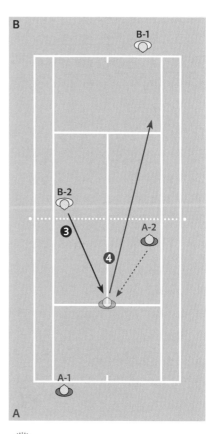

1 逆サイドに振られたA-1はバックでストレートに打つ❷

ストレートがくるかと思いきやロビング❶で逆サイドに振られる。A-1はバックハンドであえてストレートに打ち❷、B-2のボレーを誘う。あえてボレーをさせることで展開を変えるきっかけを作る。

☑ **CHECK!** ❷のバックハンドにおいては、相手の足元や、やや高めなど、とりにくいコースを突いていきたい。

2 ボレーフォローでリカバリーする

❸のボレーをフォロー❹できれば、そこから流れを自分たちに引き戻すことも不可能ではない。

☑ **CHECK!** B-1は逆襲されないように、どんなボールにも対応できるように構えておく。

人　数	4人
回　数	2〜3セット
レベル	中級

menu
183

戦術練習

後衛ランからのパターン練習①

ねらい　前衛が自分のサイドを守りきれずに抜かれ、後衛がそのカバーに向かう練習。本来、自分の守備範囲ではないコースに打たれたボールをディフェンス（守備）する。

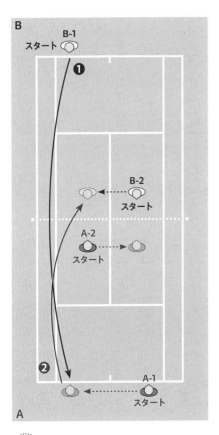

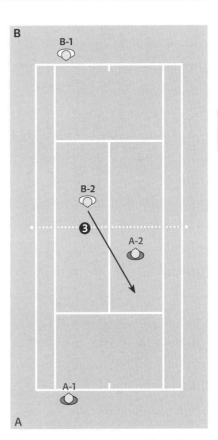

1 味方の前衛がサイドを抜かれたら

ショット❶に対して A-1 はどうにか相手コートに返す。❶があまいものであれば❷は逆クロスに返して逆襲をねらいたいところ。一方で B-2 にはチャンスボールがくる可能性が高いので準備しておく。

☑ **CHECK!**　カバーに入る A-1 は、ボールを追いながらどんな球種で返球できそうかをイメージしておく。できれば余裕を持って返したいところ。

2 相手がなんとか返球したボールは確実にポイントに結びつける

A-1 の返球❷を B-2 がねらいにいく、チャンスに決めきる練習でもある。A 側は❸に対して逆にカウンターで決めにいく力をつけていきたい。

☑ **CHECK!**　❸を A-2 が返せなかった場合は、A-1 がさらにフォローに回る。

戦術練習

後衛ランからのパターン練習②

人 数	4人
回 数	2〜3セット
レベル	中級

ねらい 逆クロス展開のラリーからストレートを抜かれたときの練習。カバーに入る A-1 は長い距離を走らなければいけないが、つなげれば次に相手がミスする可能性もある。

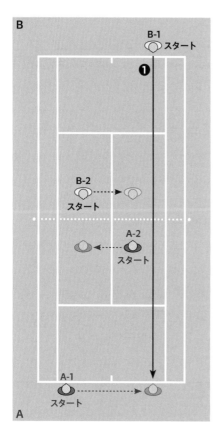

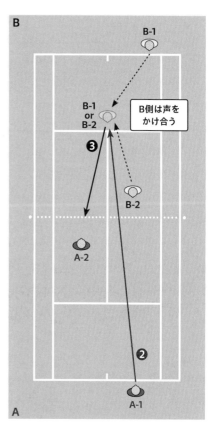

1 味方の前衛がストレート❶を抜かれた場合

A-1 は逆サイドに走り、❶のカバーに回る。フォアで抜かれたなら、ボールに威力がある上、A-1 からすれば時間を奪われる展開になり、なんとか拾うのが精いっぱいという状況になりやすい。

☑ **CHECK!** A-1 は諦めずにつなぐことが大切。たとえ相手のチャンスボールになったとしても、相手がそれをミスする可能性がある。

2 相手が決めにきているとき、A-2 はディフェンスを固める

A-1 がなんとかつないだものの❷、B 側にとってはチャンスボール。B-1 や B-2 がスマッシュやトップ打ちの体勢に入ったら、前衛の A-2 は守備を固める。スマッシュを打たれそうなときは、ややポジションを下げる。

☑ **CHECK!** このような相手のチャンスを A-2 が止められれば、勝機が近づく。

戦術練習

後衛ランからのパターン練習③

ねらい 右ストレート展開から逆クロスに抜かれた場面を想定した練習。A-1 が最も長い距離を走らなければいけないという意味では、究極の後衛ランからの練習といえる。

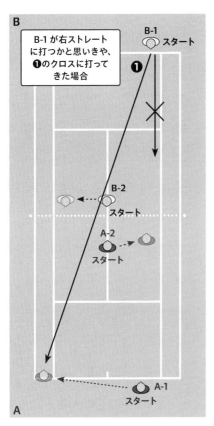

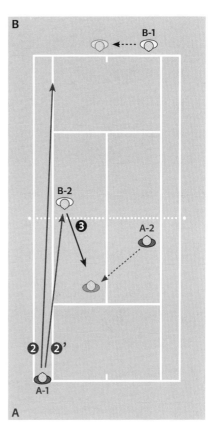

① 右ストレート展開から A-2 が逆クロスを抜かれた

A-1 にとってはほかのパターン練習と走る距離はそれほど変わらないが、❶のボールは遠ざかっていく軌道のため、腕をいっぱいに伸ばしてバックでしのがないといけない。

☑ **CHECK!** B-1 は、右コーナーをねらうぐらい厳しいコースにボールを打つ。簡単にとらせるようでは練習にならない。

② A-2 は相手の動きをよく見て対応する

A-1 の返球は相手にとってチャンスボールの❷'になるケースが多い。そこを B-2 が❸へ打ち込み、確実に得点につなげる。

☑ **CHECK!** A-1 は慌てて勝負を決めにいかなくてもよい。大きなスペースがある左サイド後方に振る❷が決まると、奪われた時間をとり戻すことができる。

戦術練習

後衛ランからのパターン練習④

人 数	4人
回 数	2～3セット
レベル	中級

ねらい A側から見て左ストレート展開からクロスに抜かれた場面を想定した練習。カバーに回るA-1はフォアで対応できるので、苦しいながらもメニュー185よりは逆襲に転じやすい。

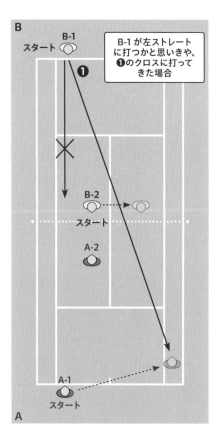

B-1が左ストレートに打つかと思いきや、❶のクロスに打ってきた場合

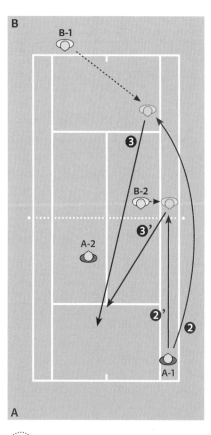

① 左ストレート展開から A-2 がクロスを抜かれた

A-1は右方向に走ってカバーに回る。強いストロークを返す余裕がなければ、高く深いロビングやカットストロークで時間を作り、自分たちの体勢を立て直す。

☑ **CHECK!** B-1はロビング❶を打つならクロスのほうが長く打てるうえ、前衛にスマッシュで叩かれるリスクを減らせる。

② A-2 は抜けるショットに要注意

❷のロビングや❷'のカットストロークは相手にとってチャンスボール。A-2はがっちり守備を固めておかないと、❸や❸'のように決められてしまう。

☑ **CHECK!** ネット際に出てきた相手の両サイドを抜ける❷のようなショットをパッシングショットという。A-2は❸と❸'に対して要注意。

戦術練習

ロビング限定ポイント

ねらい 後衛同士がロビングだけで打ち合う。通常のストロークよりはラリーが続く。前衛が的を絞ってスマッシュをとりにいくことと、後衛が我慢する忍耐力を高めるのがねらい。

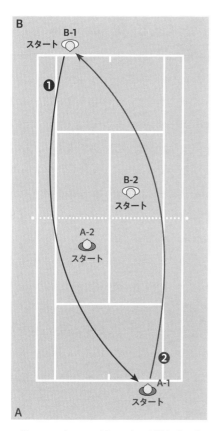

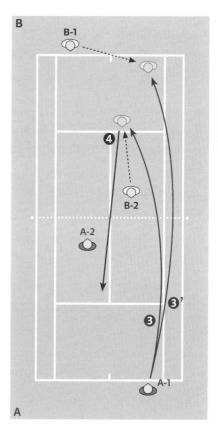

① A-1 と B-1 がロビングだけで打ち合う

ベースライン付近にバウンドさせられるような、できるだけ深いロビングを意識する。ただ単にロビングでつなげるのではなく、スピンロブ（メニュー095）も交えて攻撃的にラリーを応酬する。

☑ **CHECK!** 慣れてきたら相手のいるところだけでなく、ストレートやミドルに打って、相手の陣形を変えてみる。

② 前衛はチャンスがあればスマッシュを打ちにいく

A-1 が浅い球❸を打ってきたら、チャンス。スマッシュで応じる❹。スマッシュを打たれたらフリーラリーにして、誰が、どのコースに、どんなボールを打ってもよい。❸'には B-1 が対応する。

☑ **CHECK!** スマッシュを打たれると一気にラリーのテンポが速くなる。互いに相手の動きをよく見て、遅れをとらないように早めに動く。

戦術練習

シュートボール限定ポイント

人 数	4人
回 数	2～3セット
レベル	中～上級

ねらい 後衛同士はシュートボールだけで打ち合う。前衛は的を絞ってポーチに出るが、後衛はその動きが見えたら、サイドを抜いてOK。どんな状況でも打ちきることを意識する。

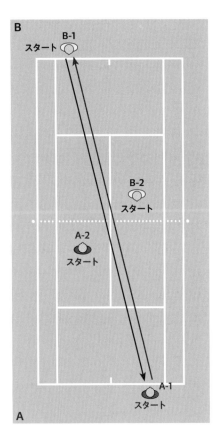

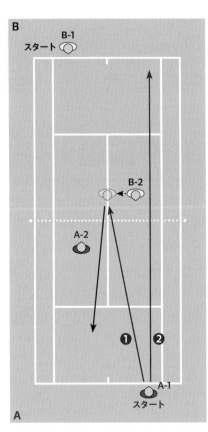

① 後衛同士がシュートボールだけで打ち合う

シュートボールとは弾道が低くて力強く速い球のこと。「シュートボール限定ポイント」なので、A-1とB-1はどんな状況でも強いストロークで打ちきるようにする。

☑ **CHECK!** すばやく打点に入りテークバックを完了させておくなど、強く打つための準備を早めに終える。

② 前衛はタイミングを計ってポーチに出る

B-2は❶のシュートボールにポーチを仕掛ける。その際、A-1はB-2が動くとわかったら、ストレートにシュートボールを打ち❷、サイドを抜く。

☑ **CHECK!** 飛び出すときは躊躇せずに思いきっていくこと。B-1はサイドを抜かれた場合のカバーに入る必要がある。

menu
189

戦術練習

2コース限定ポイント

> **ねらい** 後衛同士がシュートボールはクロスに、ロビングはストレートに、2コースに限定して打ち合う。ただし、どちらかの後衛がロビングを使った時点でフリーとする。

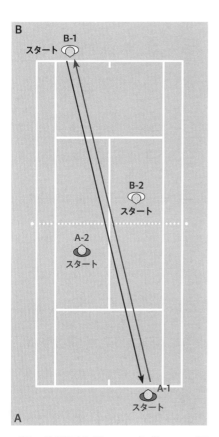

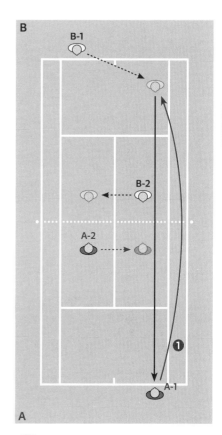

① 後衛同士がシュートボールで打ち合う

メニュー188同様にシュートボールで打ち合う。相手に押し込まれてもシュートボールを打ち続けたい。そのためには早めに準備を終えることが大切。

☑ **CHECK!** 苦しい状況でも打ちきれるようになると、試合でも同じように打ちきることができる。

② B-2は的を絞ってポーチに出る

B-2はうまくタイミングを計って飛び出す。躊躇せずに思いきっていく。その動きが見えたら、A-1はストレートにロビング❶。ここからはフリーラリー。

☑ **CHECK!** B-2の飛び出しのタイミングが早すぎるのもよくない。相手にこちらの意図がわかり、❶のようにサイドを抜かれるリスクが高くなる。

177

戦術練習

3ターンまでに決着ポイント

人 数	4人
回 数	2〜3セット
レベル	中〜上級

ねらい サービスとレシーブを1ターンとし、その後もラリーを続けて3ターン以内に勝負をつける。ラリーの中で先に仕掛けていく積極性が磨かれる。

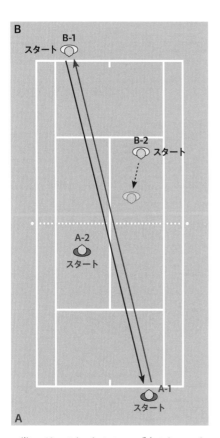

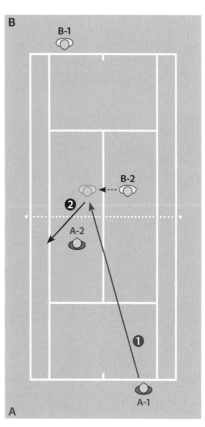

① サービスとレシーブを1ターンとする

A-1またはB-1のサーブから始める。3ターンまでに勝負をつけるので、両ペアともチャンスは3回ずつ。いろいろな得点パターンを作っていきたい。

☑ **CHECK!** 3ターンまでに勝負がつかなかったら、サービス側の負けといったルールを設けてもよい。

② どんな得点パターンがあるか考える

たとえば図のようにB-2のポーチやスマッシュで得点できる。後衛が自ら得点するのは、サイドパッシングやショートボールをネット際に落とすショットになる。

☑ **CHECK!** あらかじめ「〇球目にこう攻める」と決めてとり組むのも、臨機応変にラリーの中でチャンスがあれば攻めるのでもよい。

menu	戦術練習		人 数	4人

menu 191	戦術練習

ダブル後衛対策ポイント①

人 数	4人
回 数	2〜3セット
レベル	中〜上級

ねらい 2人がベースライン付近に並ぶダブル後衛の相手に対しては、ネット近くにある大きなスペースを使い、前後に揺さぶりをかけたい。

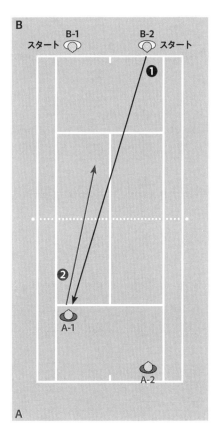

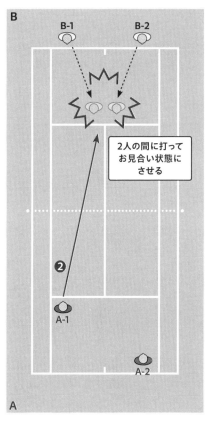

第5章 戦術の練習

① セカンドサービスをショートボールで中央にレシーブする

Bのダブル後衛がサービスを打つ場合、セカンドサービス❶を打ってきたらA側は攻撃を仕掛けるチャンス。ショートボールでセンターにレシーブする❷。

☑ **CHECK!** カットストロークでレシーブすると、ボールはバウンド後に沈み、相手はより返球しにくくなる。

② センターにレシーブして、相手の1歩目を遅らせる

Bのダブル後衛のペアは2人の間に打たれると、自分が打つべきかパートナーに任せるべきか、判断が一瞬遅れやすくなる。❷で決められなくても、相手が拾うので精いっぱいという状況を作り出す。

☑ **CHECK!** どちらがとるべきか迷わせた時点で、次からのラリーがかなり優位になったと考えてよい。

179

戦術練習

ダブル後衛対策ポイント②

人 数	4人
回 数	2〜3セット
レベル	中〜上級

ねらい　ダブル後衛の相手に対して、メニュー191と同じくセカンドサービスのレシーブで仕掛ける。カットストロークでネット際に落とし、相手の返球が浮いてきたところを上から叩く。

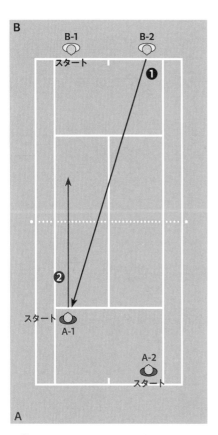

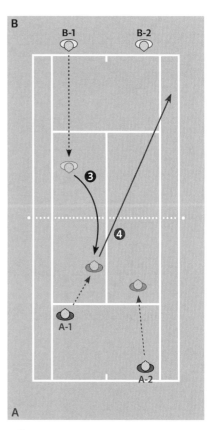

(1) セカンドサービスをカットストロークでネット際に落とす

❶のセカンドサービスに対し、ネット際に落とすレシーブ❷で、B-1を前におびき出す。

(2) B-1を前におびき出すことで相手の陣形を崩す

相手の拾ったボール❸が浮いてきたらスマッシュやトップ打ちで叩く❹。浮いてこなくても相手の陣形を崩したという点で主導権は自分たちにある。

☑ **CHECK!**　レシーブをライジング気味に、逆回転のカットをかけて打つことで、より相手の時間を奪うことができる。

☑ **CHECK!**　B-1が角度のある短めのショット（ショートクロス）をねらってくる可能性もあるので、A-2はそのコースをケアしておく。

戦術練習

ダブル後衛対策ポイント③

人 数	4人
回 数	2〜3セット
レベル	中〜上級

ねらい 試合の後半、追い込まれた B 側はダブルフォルトをしたくないため、サービスは浅く、かつ角度をつけてきやすい。そこをショートクロスのレシーブで突いていく。

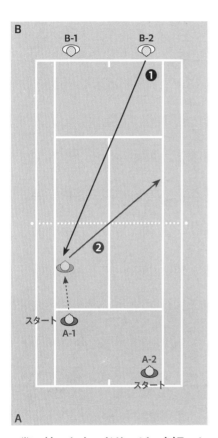

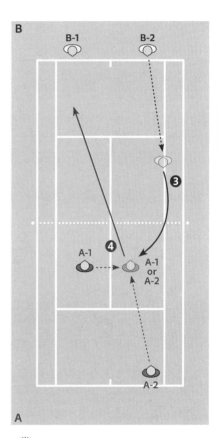

第5章 戦術の練習

① 甘いセカンドサービスを短いレシーブで返球する

ダブルフォルトをしたくないという思いが強いと、セカンドサービス❶は浅く、角度のついたボールになりやすい（メニュー 173）。甘いサービスはショートクロスのレシーブ❷で攻めるチャンス。

✔ CHECK! 逆クロス側のレシーブは、カットストロークで短く落とすのが有効。相手からは遠ざかる軌道になり、そこから攻めるのは難しくなる。

② B-2 をネット近くまでおびき出す

B-2 を前におびき出すことで相手の陣形を崩す。❸の返球には A-1 または A-2 が声をかけ合って、どちらか一方が❹のショットを決める。

✔ CHECK! ダブル後衛は、長くラリーをつないで相手のミスを誘うという戦い方をする。そのため、レシーブなどで陣形を崩し、できるだけ早いタイミングで勝負を仕掛ける。

ダブル後衛対策ポイント④

ねらい ラリー中の対策として、2人の間を攻めると考えがちだが、逆クロスからセンターに打つと、スピンロブ（メニュー 095）でコート外に出されてしまう。単純なセンター攻撃は禁物だ。

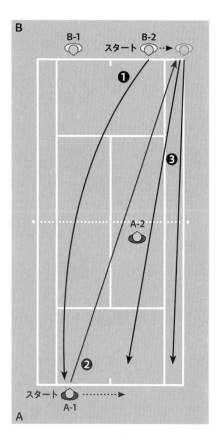

逆クロスからの攻撃❶はアレーゾーンに返す❷

B-2 側のアレーゾーンに打てば❷、バックでロブを打たれても、回り込んでフォアでロブを打たれても、どのコースを打たれても❸はコート外に追い出される軌道にはならない。

☑ **CHECK!** 同じフォアのロブでも、センターに打たれるのと、コーナーに打たれるのでは、相手とすれば3歩前後の距離のちがいが出る。

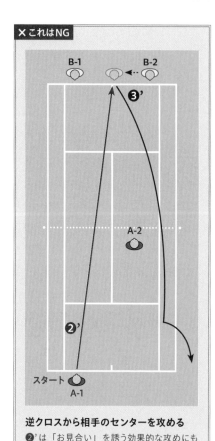

逆クロスから相手のセンターを攻める

❷'は「お見合い」を誘う効果的な攻めにも思えるが、B-2 にフォアで対応されたときのロブ❸'が非常にやっかい。コート外に追い出される軌道になり、相手のペースになってしまう。

☑ **CHECK!** 後衛の A-1 がコートの外に追いやられると、A-2 はかなり広いエリアを守らなくてはならなくなる。

戦術練習

ダブル後衛対策ポイント⑤

人 数	4人
回 数	2〜3セット
レベル	中〜上級

ねらい ダブル後衛の相手はA側の前衛の頭を越すロビングでA側の後衛を逆サイドに走らせようとするケースが多い。後衛はダブル後衛の相手のどちらに打つのが効果的か考える。

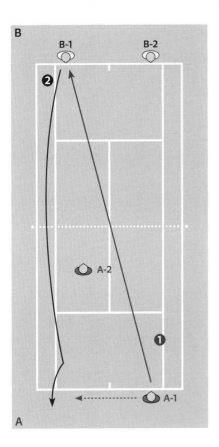

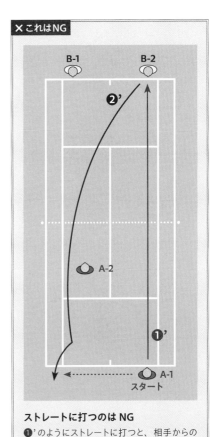

ダブル後衛の場合はクロスをねらう

❶のようにクロスに打つと、A-1 を走らせたい相手としては、角度をつけにくいストレート❷を打つことになる。❷はボールがアウトになる可能性があるうえ、右図❷'よりもとりやすい。

✔ **CHECK!** 先の展開を読む力を養うために、短い時間の中で最大限に頭を使うことを日々のトレーニングでも意識したい。

ストレートに打つのは NG

❶'のようにストレートに打つと、相手からの逆クロスへのボール❷'は角度をつけられやすい。A-1 からすると❷'のボールは自分から遠ざかる軌道を描くので厳しくなってしまう。

✔ **CHECK!** すぐれた予測と戦略の組み立てを試合の中で行うため、ソフトテニスはチェスと似ているといわれている。自分が打ちたい相手に打つだけでなく、次の展開を想像して攻撃しよう。

戦術練習

ダブル後衛強化ポイント①

人 数	4人
回 数	2〜3セット
レベル	中〜上級

ねらい ダブル後衛の側からはどのようにポイントをとっていくか。1つの策として、相手前衛の足元を突く方法がある。それによって生まれたチャンスを確実に決める。

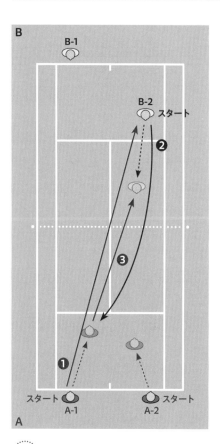

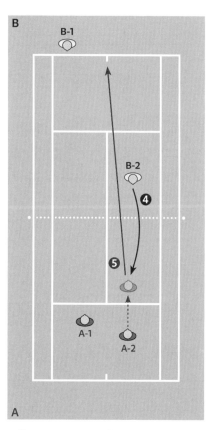

1 A-1のサービス❶から始める

サービス❶を入れた後、B-2がレシーブして❷、前につめてくるところを、ローボレーを打たせるような低い弾道のストローク❸で足元を突く。

☑ **CHECK!** セカンドサービスではレシーブ（B側）が先に攻めやすいため、できるだけファーストサービスをきっちり入れるようにしたい。

2 B-2のローボレーが甘くなったところを攻める

❸で足元を突けると、ローボレー❹は甘いボールになりやすい。そこを見逃さずに❺でポイントに結びつけるよう、攻撃を仕掛ける。

☑ **CHECK!** ダブル後衛はサービスを打つ選手のパートナー（この場合はA-2）のポジションどりが重要。自分たちの得点パターンをいくつか持っておく。

戦術練習

ダブル後衛強化ポイント②

人 数	4人
回 数	2〜3セット
レベル	中〜上級

ねらい ダブル後衛がレシーブの場面では、相手のセカンドサービスを相手前衛にぶつけていく。1本で決まらなくても、A-1のウイニングショット（決め球）で畳みかける。

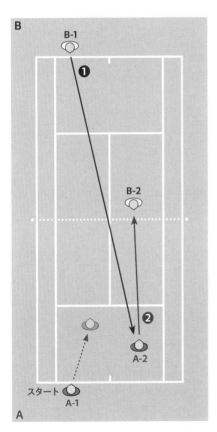

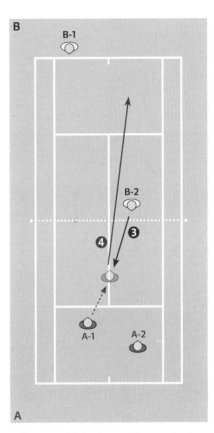

① 相手のセカンドサービス❶を B-2 に返す

陣形を問わず、セカンドサービスはレシーブ側にとって先手を打つ大きなチャンス。思いきってレシーブ❷を B-2 にぶつけるのもいいだろう。

✅ **CHECK!** 試合の序盤でこのプレーを見せておくと、そこから相手は同じプレーを警戒するようになるので効果的。

② A-1 がウイニングショット❹で 畳みかける

レシーブの前衛アタック❷が1本で決まらないことを想定して、A-1 はフォローの準備をするために前に出ておく。すかさず❹でウイニングショット。

✅ **CHECK!** 相手前衛も1本は止めることができても、2本、3本と畳みかけられるとすべてを止めるのは難しい。

戦術練習

ダブル後衛強化ポイント③

人　数	4人
回　数	2〜3セット
レベル	中〜上級

ねらい ▶ ダブル後衛ペア同士の対戦では、ラリーがこう着するケースが多い。外や中のコース、深さや角度をつけるボールでつなぎ、回転量の多いカットストロークを決め球にする。

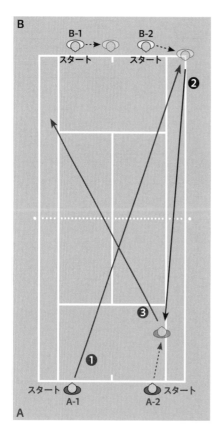

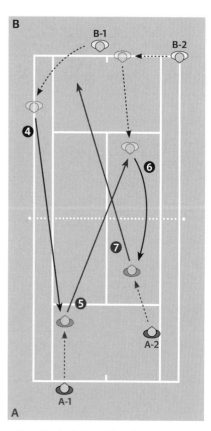

① ラリーではコースや深さ・角度をつけるなど工夫をする

ダブル後衛対ダブル後衛では、普通にストロークを打っているだけでは流れをつかめない。少しずつ相手の陣形を崩す意識を持ちながら、ラリーで打つコースや球種を変える❸。

☑ CHECK! 角度をつけたボールで1人をコート外に追い出したり、ネット際に落として前後に揺さぶったりするのが、対ダブル後衛のセオリー。

② 決め球❼は縦回転の短いカットストロークで

コンパクトなスイングで縦にスパッと切るように短く打つカットストローク❼は、相手にとっては揺さぶられるだけでなく、バウンド後の変化が予測しづらい。

☑ CHECK! 浮いてきたボール（ここでは❻とする）に対しては、カットストロークやボレー、トップ打ちで決めきるようにする。

menu **199**	戦術練習

ダブル後衛強化ポイント④

人 数	4人
回 数	2～3セット
レベル	中～上級

ねらい あるコースを徹底的に攻め、返球があまくなってきたところでコースを変えて勝負をかける。たとえば、どちらか1人のバック側を執拗（しつよう）に突き、相手が根負けするのを待つ。

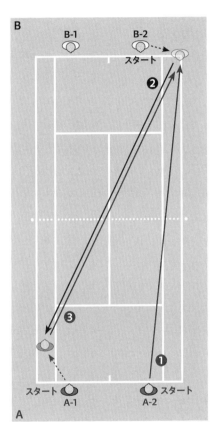

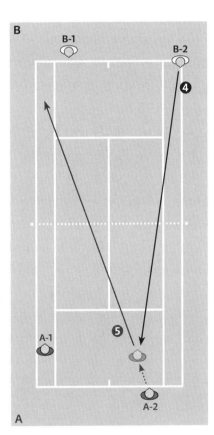

第5章
戦術の練習

① ラリーが始まったら B-2 のバック側を徹底的に攻める

続けて同じところに打っていけば、どれほど上手な選手でも隙ができる。このような攻め方では、たとえばネット際に落とし続ける、センターを突き続けるなど、いろいろなコースが考えられる。

☑ **CHECK!** ただ単にバック側を突くだけではなく、深さや球種も同じボールを続ける。B-2 に「しつこくて嫌だな」と思わせたい。

② 次も行くと見せかけ、コースを変えて勝負に出る

図では B-2 に対して2球しか同じ球で攻めていないが、実際の試合では何球も同じコースに打つ。そういった状況が続くと、B-2 は次もまた同じコースに打ってくるだろうと考える。そこで違うコースに攻めて❺、一気に決着をつける。

☑ **CHECK!** B-1 はラリーに入っていなかったことで集中しきれていない場合もある。

ダブル後衛強化ポイント⑤

人 数	4人
回 数	2〜3セット
レベル	上級

ねらい ダブル後衛対ダブル後衛で、長いボールでラリーを打ち続け、相手が仕掛けてくるのをひたすら待つ。相手が前に出てきたら足元を突くなど、カウンターで攻め返す戦い方。

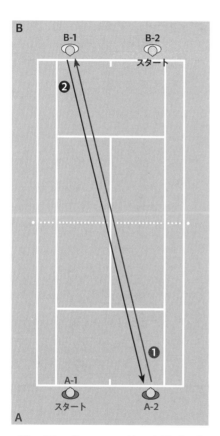

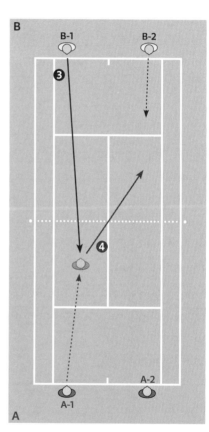

1 長いボールでラリーを続けて相手の仕掛けを待つ

相手が仕掛けてくるまでこちらからは仕掛けない。❶❷のような長いラリーを続ける。1ポイントごとに、長いラリーになる覚悟をしておく必要がある。

☑ **CHECK!** A側からは仕掛けないとはいえ、深さのあるストロークを安定して打ち続けないといけない。集中力を保つようにする。

2 B-1 が仕掛けてきたらカウンター❹で攻め返す

しびれを切らした相手が、たとえば❸のようなカットストロークを打ってきたらショートボール❹を打ち返す。B-2 が前に出てきたら足元を突くショットにする。

☑ **CHECK!** こちらに攻めるチャンスがあってもあえて攻めず、相手を焦らせて徐々に精神的なダメージを与えていく。

アレー限定ポイント①

ねらい 前衛と後衛に分かれる陣形を雁行陣という。雁行陣対雁行陣で、互いの後衛がクロスのアレーゾーン内でラリーを行う。前衛は横に動きたくなるが、そこで動かずに我慢する。

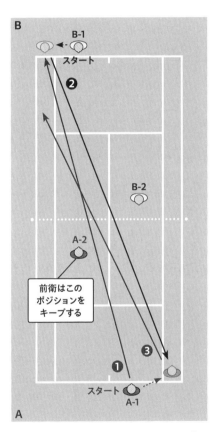

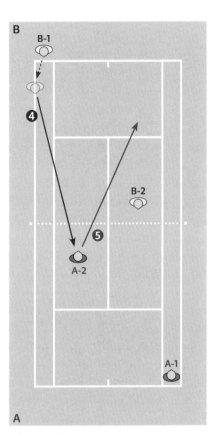

① 後衛同士がクロスのアレーゾーン内でラリーを行う

後衛の A-1 と B-1 は多少アウトになってもラリーを続ける❶❷❸。

☑ **CHECK!** 前衛の心理では、相手後衛がコート外に出ると、自分も同じ方向に動いてサイドを守りたくなるが、ここでは決して動かない。前衛が外側に寄ると相手後衛はコートが広く見えるようになり打ちやすくなってしまう。

② 前衛は今いるポジションでとれるボールを押さえる

後衛は角度をつけたストロークを打ち続けるが、❹のような甘いコースのボールは前衛がすかさずボレー❺を決める。

☑ **CHECK!** A-2 がボレーをしたら、相手はフォローに入ったうえでラリーを続ける。ここからはフリーラリーとなる。

戦術練習

アレー限定ポイント②

人数	4人
回数	2〜3セット
レベル	上級

ねらい メニュー 201 の逆クロス編。互いの後衛はアレーゾーン内に打ち合う。前衛はそのポジションから動かず、自分が届く範囲内にきたボールをボレーで仕留める。

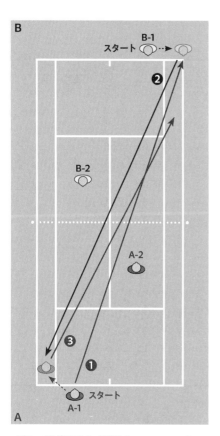

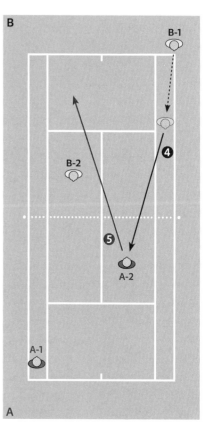

1 後衛同士が逆クロスのアレーゾーン内でラリーを行う

メニュー 201 同様、後衛の A-1 と B-1 は多少アウトになってもラリーを続ける❶❷❸。前衛は相手後衛がどこに動こうとも、少しのポジション修正にとどめ、基本はそのポジションにとどまり続ける。

☑ **CHECK!** 後衛はバックハンドでも、回り込んでからのフォアハンドでも、同じぐらいのレベルでラリーを続けられるようにしたい。

2 前衛は互いに相手後衛の動きに呼応せず、ポジションをキープ

B-1 がバックで打つか、フォアで打つかで、前衛としては守る位置が微妙に変わる。❹で相手が仕掛けてきたら、ボレー❺。

☑ **CHECK!** 自分が届く範囲にボールがきたら、しっかり面を作ってボレーで返す。その後は互いにフリーでラリーを続ける。

203

戦術練習

2本連続のパターン練習

人　数	4人
回　数	2〜3セット
レベル	上級

ねらい 2本連続でゲーム形式を行う。連続失点をしないように、いかにゲームの流れをきることができるか、1ポイントへの執念を育む。

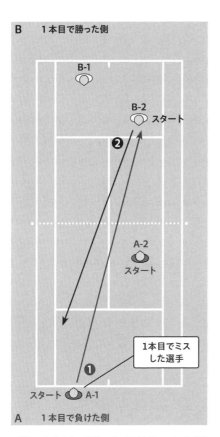

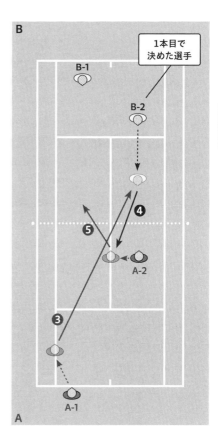

① 1本目で勝った側はミスした選手を再び攻める

1本目は普通にゲーム形式を行う。そのゲームに勝った側のBは、1本目でミスした選手A-1を2本目で再び攻める。上図よりもラリーを多く応酬する。

✔ **CHECK!** ミスした選手はすぐに切り替えないと、再び相手につけ込まれてしまう。ミスは誰にでもあるものといい意味で開き直ることが大切だ。

② 1本目で負けた側は、1本目で決めた選手を攻める

1本目を決めて精神状況がよい選手B-2をつぶしにいくことによって、相手に傾きかけた流れをとり戻す。たとえばポーチボレーを仕掛けて❺、相手の裏をかき、B-2の気持ちを削ぐ。

✔ **CHECK!** 最初にポイントをとった選手B-2には、「次は自分のところにはこないだろう」という心理が働く。その隙を突く。

高橋茂 (たかはし・しげる)

清明学園中学校ソフトテニス部監督。全日本アンダー17女子コーチ。東京都中体連男子強化部長。1978年生まれ。国士舘大学体育学部卒業。海城学園講師を経たのち、清明学園中学校に赴任。同校のソフトテニス部監督就任2年目にチームを大田区優勝に導き、2014年には全国中学校ソフトテニス大会において個人戦優勝を果たす。2018年には全国中学校ソフトテニス大会男子団体で初優勝。その後2021年にも同大会の男子団体で優勝を果たした。都大会では団体で20回以上優勝に導き、清明学園中学校は関東の強豪として全国に名を馳せる。近年は女子指導にも力を入れており、日々成長する気持ちを忘れることなくソフトテニスの指導に邁進している。

指導者と選手が一緒に学べる!
ソフトテニス 練習メニュー200

監修者　高橋茂
発行者　池田士文
印刷所　三共グラフィック株式会社
製本所　三共グラフィック株式会社
発行所　株式会社池田書店
　　　　〒162-0851
　　　　東京都新宿区弁天町43番地
　　　　電話 03-3267-6821（代）
　　　　FAX 03-3235-6672

落丁・乱丁はお取り替えいたします。
©K.K. Ikeda Shoten 2023, Printed in Japan
ISBN 978-4-262-16662-9

原稿協力 ―――――― 小野哲史
撮影 ――――――――― 井出秀人
カバー・本文デザイン ― 鈴木大輔・江﨑輝海（ソウルデザイン）
DTP ―――――――― 有限会社中央制作社
校正 ――――――――― 深澤晴彦
編集協力 ―――――― 礒淵悠（有限会社ヴュー企画）

清明学園中学校の選手の皆さん